株式vs.不動産
投資するならどっち?

つばめ投資顧問代表
栫井駿介
×
不動産投資家
沢孝史
＋
兼業個人大家
芦沢晃

筑摩書房

はじめに　隣の芝は青い

椿井駿介

私は株式投資家 兼 株式投資アドバイザーとして活動しています。

お客様の大半はこれから本格的に投資を学びたいという方々ですが、中にはすでに不動産投資で成功していて、次のステップとして株式投資に乗り出したいと考える人もいます。

私は株式投資の専門家ですから、不動産投資の知識は少しかじった程度です。だからこそ、不動産投資で成功している人を見ると、つい羨ましく感じてしまうのが本音です。

一方で、不動産投資で成功し、これ以上資産を増やす必要がないような人も、わざわざお金を払って私のところに相談に来るということは、彼らもどこか株式投資に憧れを持っているのではないかと思います。

「隣の芝は青い」ということわざがあります。株式投資家にとっては不動産投資が、不動産投資家にとっては株式投資が「隣の芝」なのです。

ＦＸや仮想通貨など、流行りの投資は盛り上がっては消えていきますが、「株」と「不動産」は時間が経っても廃れることはありません。この両者が投資の二大巨頭であることは論を俟《ま》たないでしょう。

いったいどちらの投資が優れているか、結論を出すことは容易ではありません。それでも、一つ確実に言えることは、どちらの投資でも間違いなく成功した人がいるということです。

したがって、あなたが投資で資産を形成するためにすべきことは、自分にあった投資がどちらなのか考え、すぐにでも始めてみることです。

問題は、どちらが自分に合っているのか、始める前にはなかなかわからないということです。いざ始めてみて、やっぱり自分には合わないと感じたら、なかなか続くものではありません。

本書は、これから資産形成を始めたいが、何をやったらいいか迷っている人に向けた本です。株式と不動産それぞれの特徴を併記し、できる限り客観的に比較しました。

メリットだけを掲げるのは簡単ですが、本当に成功しようと思ったら、その裏にある悩みを乗り越えることが必要です。それぞれが突き当たる葛藤にも触れることで、心から納得した方法を選択していただきたいと考えています。

もちろん、両方やるという選択肢もあります。大事なのは、何をやるか決めて、とにかく始めてみることです。本書がそのきっかけとなり、また実践する上で役立つものになることを願っています。

はじめに　なぜあなたは投資をするのか

沢孝史

今、あなたは「今の報酬だけで私の人生はずっと安泰だ」と感じていますか。

それとも「今はこうして働いているから良いけれど、このままではきっと将来困ることになるかもしれない」と思っていますか。

現役時代を一生懸命働いていれば、リタイア後も安泰な人生が約束されている、そんな社会であってほしいと願っています。でも、経済、社会保障、人口などの現実を直視するとそれは叶わないことではないでしょうか。

だからこそ、自らが行動しなければならない。そう思いませんか。

そして、私、沢が選んだのが不動産投資でした。始めたのは1998年です。決して平坦な道ではありませんでしたが、今、将来への経済的な不安は一切なくなりました。

始めた時期が良かったのかもしれませんし、運良く良い物件と良い人脈に出会えただけなのかもしれませんが、私にとって不動産投資がベストな選択だったと感じています。

しかし、投資には株式、投資信託、ＦＸ、先物商品、不動産など、様々なものがあり、各分野での専門書もたくさんあります。手に取れば分野ごとに「この投資がすばらしい」と書いてあるでしょう。確かにその本の著者にとってはそれが最適な投資なのかもしれませんね。

でも、それがあなたにとって本当に良い投資とは限りません。


私と同時期に不動産投資を始め、撤収した人たちもいます。熱意がなかったり、中途半端な知識で業者に欺かれて失敗してしまった人もいます。熱意をもってチャレンジしてみたけれど、どうしてもうまくいかなかった人、性格に合わなくて断念した人もいます。

もしかしたら私も、不動産投資が自分に合っていたから良かったのであって、同じ投資でも株式投資、ＦＸなどに進んでいたら大失敗していたかもしれません。

実は私も、不動産投資である程度資金ができたときに一度ＦＸに挑戦してみましたが、結果は惨憺《さんたん》たるものでした。忸怩《じくじ》たる思いはあるものの、余裕資金での投資でしたので笑って済ませました。これが最初の投資であったら大変だったでしょう。

投資が将来の自分に必要であるのなら、リスクを引き受けなければなりません。しかし、そのリスクの許容度には個人差がありますし、投資に付随するストレスの種類も様々です。

リスクからは逃れられません。でも自分の性格には合うかどうかは選択することが可能です。そのためには多種多様な投資本を熟読して、自分に合った投資を探す必要があるでしょう。

しかし、勉強すればするほど迷ってしまうのが実情です。

なぜなら、今までの投資本は、同じ分野での優劣を比較することはあっても、異なる投資とは比較してはいませんし、投資結果が中心で投資家が受けるストレスの種類や強弱までの言及は少ないからです。

投資に使える資金、時間は有限ですから、なるべく早く、効率的に自分の性格に合った最適な投資を見つけたいものです。

本書は、投資の二大分野である株式投資と不動産投資を両論併記で比較できるようにし、違いを明らかにすることによって、双方の投資の本質と付随するストレスなどを理解してもらうことを目指しました。

そして、この二つの投資のうち、どちらが自分には合っているのだろうか、こちらだったら自分にはできるかもしれない（もしくは両方やる、あるいは両方やらない）、と俯瞰《ふかん》した視点で冷静に判断するための礎《いしずえ》として書きました。

皆さまの投資人生が幸多きものとならんことを。

【目次】CONTENTS

第2章 投資のスタイルは人それぞれ……039

第3章 投資のリスクを見きわめる

（第6章）成功する投資スタンスはこれだ……179

Stocks
vs.
Real Estate

Which do you want to invest in?

*

［装幀］
井上則人

［撮影］
川崎璃乃

第1章 まずは投資の基礎知識を

株式投資は、比較的身近で少額から始められる投資です。株を買うことで企業のオーナーとなることができます。

不動産投資は、ここ20年ほどで一般的なものとなりました。融資を受けて不動産を購入し、家賃収入を得ることができます。

【株式投資】株式を買って企業のオーナーになる

■株式とは何か

株式投資を始める前に、まず株式とはいったい何なのかを知っておかなければなりません。不動産投資をすることは、目の前に実際にある土地や建物を買うことに他なりません。それを他人に貸して家賃を受け取ったり、さらに別の人に売却することで投資としての成果が得られます。

それに比べて、株式には不動産のように目に見えるものはありません。かつては「株券」が発行され、一応目に見える形として残りましたが、2009年に上場株式が電子化されてからは、それすら目にすることはなくなりました。もともと権利の売買という形のないものでしたが、電子化によってますますバーチャルな取引となっています。

株式の権利とは、簡単に言うと企業のオーナーになるということです。ただし、1人で1つの企業を丸々保有するのではなく、権利を細かく分割したものが株式です。株式を1000株発行した企業の1株は、その企業の1000分の1の権利ということになります。不動産でいえば、区分所有権のようなものです。**株式を保有するオーナーのことを「株主」**と呼びます。

企業の権利には二つの側面があります。

一つは**経済的な権利**です。企業が稼いだお金から、従業員の給料など事業に必要なお金を全て支払った後に残る利益は、オーナーである株主のものとなります。また、会社が保有する資産も、借金などの負債を返した後に残る部分は株主のものです。

もう一つの側面とは、**企業の経営方針を決める権利**です。１年に最低１回開かれる「株主総会」では、株主は保有する株式数に応じて議決権を持ちます。議決は多数決によって行われますから、ある人が過半数の株式を持っていれば、基本的にはその会社の経営を思うように動かすことができます。

投資家が注目するのは、主に経済的な権利でしょう。株式は企業が得た利益や持っている資産を保有する権利ですから、これらが増えれば増えるほど、その株式はより高い価格で取引されることになります。

■株式を持つことで得られるもの

株式を持っていて得られるものといえば、まずは**配当**です。企業は、稼いだ利益から株主に配当金を支払います。株価に対する配当の比率（＝配当利回り）は、東証一部上場企業の平均で２・０％前後（２０１８年末時点）と、ほとんどゼロに近い預金金利と比べると高い水準で

①配当されなかった利益は事業拡大のために再投資される

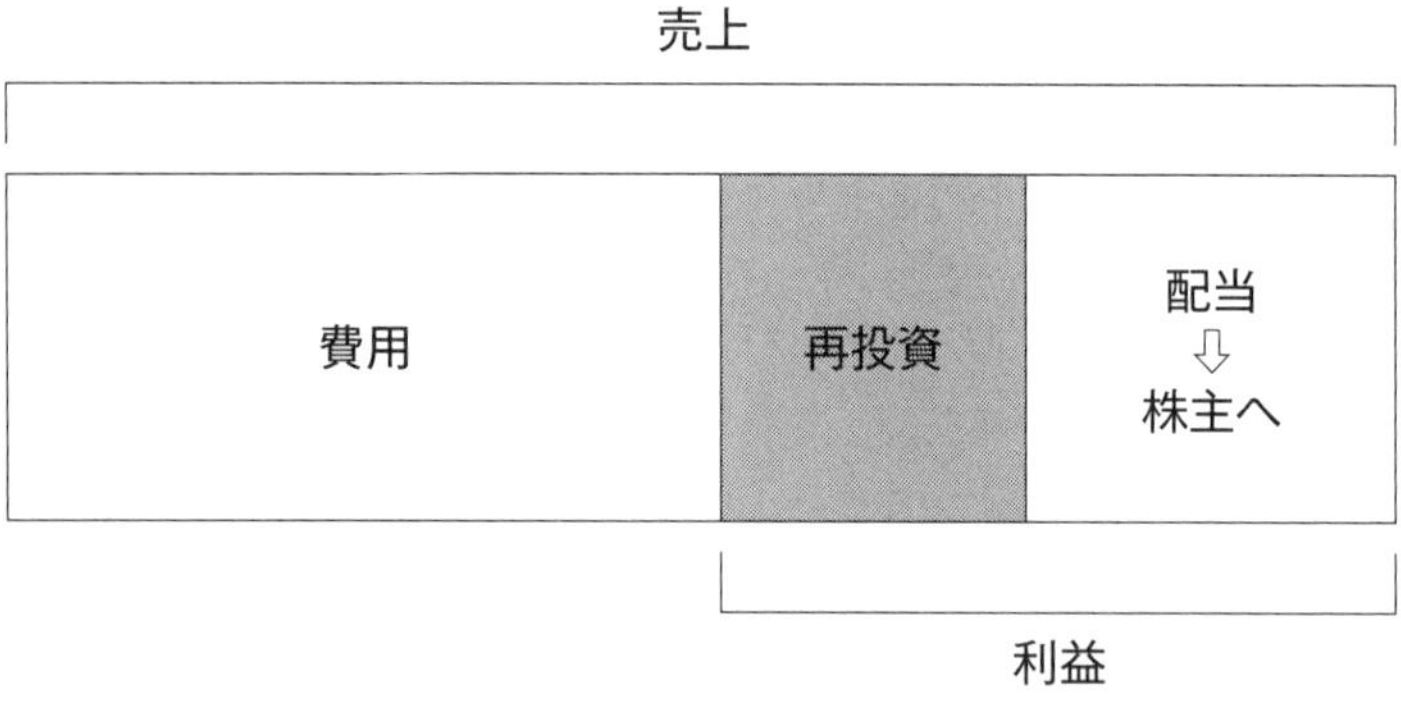

す。

しかし、これだけだと「利益は株主のもの」であるという説明と矛盾します。企業は、利益の全てを配当する義務はないからです。利益が出ているにもかかわらず、配当を全く出していない企業も珍しくありません。

配当されなかった利益は、企業が事業を拡大させるために再び利用されます（図①）。今の利益に満足するのではなく、さらに大きな利益を目指すのが資本主義の原則です。将来利益が増えるのなら、今配当としてもらえなくてもいいと株主が考えているからこそ、成り立っているシステムといえます。

配当されない利益はすぐにもらうことはできませんが、将来の利益や配当の増加を期待して他の投資家が自分の持っている株式を買いたいと言ってくることがあります。ここに、売りたい人と買いたい人が生じ、その売買によって株価が決定されるのです。自分が買った価格よりも高い価格で株式を売ることができれば、その差額が儲けとなります。

配当をインカムゲインと呼び、売買による利益をキャピタルゲインと呼びます。一般的に株式投資というと、キャピタルゲインをイメージすることが多いでしょう。不動産投資が家賃収入というインカムゲインを中心に考えることが多いのとは対照的です。

株式投資で得られるものとしては、他に「株主優待」があります。これは、配当と同じように、企業の商品や金券、カタログギフトなどが送られてくるもので、日本独特の制度です。生活のほとんどを株主優待で賄おうとする猛者《もさ》もいたりしますが、株価や配当と比べて本質的ではなく、基本的にはおまけだと考えましょう。

■いくらから始められるか

新聞の株価情報欄を見ると、「1000円」「1500円」などの数字が並んでいますが、その金額で買えるわけではありません。株式の取引には「単元株」というものがあり、今では100株単位の取引が一般的です。1000円の株式なら、1000円×100株＝10万円から買うことができます。

安いところでは数万円から買うことができ、1000万円単位が普通の不動産に比べると、始めるハードルはかなり低いと言えるでしょう。

一方で、一単元が100万円以上になる株式もあります。例えば、ユニクロを運営するファーストリテイリング（9983）の株価はおよそ5万円（2018年末時点）ですから、100株単元で500万円からの取引となります。このような株は「**値がさ株**」と呼ばれ、人気化によってどんどん株価が上昇してしまった株に多く見られます。

実は、このような株を少額から買う方法もあります。証券会社によって呼び方が異なりますが、一般的に「**ミニ株**」などと呼ばれるものです。単元株よりも少ない株式数で取引を行うことができる、小規模投資家の味方です。ただし、手数料は一般の取引より割高になってしまう点には注意が必要です。

少額であれば、どれだけ下手を打っても投資金額以上の損をすることはなく、慎重な人でも無理せず始められる投資手段と言えるでしょう。最初から莫大な金額を投資したり、借金を負ったりする不動産投資と比べた時の大きなメリットだと言えます。

■証券会社に口座を開く

株式を購入するには、まず証券口座を開設しなければなりません。有名なところでは野村證券や大和証券など、対面を中心とする大手証券会社がありますが、あえておすすめすることはありません。なぜなら、今ではインターネットの普及により、**インターネット証券を使えば圧倒的に安い手数料で取引を行うことができる**からです。

インターネット証券の中でも、おすすめはSBI証券、楽天証券、マネックス証券の3社です。これらの証券会社はインターネット証券の中では大手であり、手数料もほぼ最低水準です。日本株だけではなく外国株の取り扱いも充実しています。

インターネットでの取引は心配という人がいるかもしれませんが、コールセンターも充実しているため、普通にインターネット閲覧ができる人ならばそんなに困ることはないでしょう。

証券口座を1つに絞る必要もありません。口座を開くこと自体にお金はかからないので、それぞれの特徴に応じて証券会社を使い分けていくことも大切です。

例えば、野村證券や大和証券などの大手証券会社では**IPO（新規公開株）**や**公募株**などに強みを持っていて、これらの株式を取引したいならあらかじめ口座だけでも開いておくと良いでしょう。

また、中堅どころの内藤証券や東洋証券では、大手では取り扱っていない中国株の取引ができるなど、特徴的な証券会社もあります。メインの口座は1つに絞るとして、そこで買えないもののためにとりあえず口座だけ開いておいて損はないでしょう。

それも面倒だという人は、ＳＢＩ証券、楽天証券、マネックス証券の中から1社開いてください。普通の株式取引を行うのにほとんど支障はありません。

■口座の種類はどれがいい?

証券会社に口座を開設すると、**一般口座**、**特定口座**、**NISA口座**といった用語が出てきます。これらの違いは主に税金に関することです。株式取引で譲渡益や配当による利益が発生すると、原則として20・315％の税金がかかります。

一般口座では、取引によって生じた利益をすべて自分で計算して確定申告しなければなりません。メリットもほとんどなく、この口座を選択する理由は滅多にありません。

特定口座とは、証券会社が税金の計算を行ってくれるものです。特定口座はさらに「源泉徴収あり」と「源泉徴収なし」に分かれます。「源泉徴収あり」を選択すると、税金の計算を証券会社が行ってくれるだけではなく、源泉徴収により納税まで行ってくれます。深く考えなければ、源泉徴収ありの口座を開設すれば問題ありません。確定申告に抵抗のある人は少なくないでしょうから、それをしなくていいだけでも不動産投資と比較して「お手軽」と言えます。

これらの口座に加えて、２０１４年に開始されたのがＮＩＳＡ口座です。ＮＩＳＡ口座では、年間１２０万円までの投資分に対する税金がかかりません。

税金がかからないのですから、これを使わない理由はありません。ただし、気をつけなければならないのが、どこに開くかです。

ＮＩＳＡ口座は1人1口座持つことができ、証券会社だけでなく銀行でも開くことができます。しかし、銀行で取り扱っているのは投資信託のみで、個別株を買うことができません。したがって、個別株を買いたい人は証券会社に口座を開かなければなりません。間違って銀行に開いてしまった人は、あとから変更することもできます。

　また、ＮＩＳＡ口座と似たものに「つみたてＮＩＳＡ口座」があります。ＮＩＳＡ口座とつみたてＮＩＳＡ口座はどちらか一方しか開くことができません。つみたてＮＩＳＡ口座も税金がかからない点は変わりませんが、こちらも個別株は買えず、投資信託のみです。年間の投資額も40万円までと、ＮＩＳＡ口座の３分の１です。

　詳しくは第５章で改めて説明しますが、細かいことを気にしないのならメインの証券会社でＮＩＳＡ口座と特定口座（源泉徴収あり）を開設するのが良いでしょう。

【不動産投資】不動産投資は不動産賃貸業です

■不動産投資とは何か

不動産投資と聞いて、皆さんはどんなイメージを持たれるでしょうか。

このアパートを買えば年間800万円の家賃をもらえるようだ。売値は、えーと1億円か。1億円なんて現金は持ってないけど、銀行に預けてもほとんど利子がつかない今、1億円で1年間に800万円もらえるなんてきっといい話なのだろう。

そうだ、今は低金利だから銀行からお金を借りて買えばいい。住宅ローンみたいに長期ローンを組めば、毎月の返済額は少なくなるから、返済したあとでもお金は残るはず。

こんな良い話はなかなかないぞ。やってみようか……。

最初はこんな感じではないでしょうか。私はそうでした。**家賃収入が入ってくる不動産を購入してリターンを得ること**、これが不動産投資だととらえていました。

不動産投資を始めて数年後に初めて法人を設立するとき、司法書士の先生に「不動産投資の会社ですから不動産投資業で登記をお願いします」と何ら疑いもなくお願いしたところ、笑われてしまいました。

「法人を設立するときは日本標準産業分類から業種を選ばなければなりません。その中には「不動産投資業」という業種はありませんよ。該当するのは産業分類の不動産業、物品賃貸業の中の不動産取引業、不動産賃貸業・管理業ですが、不動産仲介を行う会社ではないので不動産賃貸業・管理業となります」

言われてみればその通り。個人の申告でも不動産賃貸業と書いたことを思い出しました。

しかし、今から十数年前、売り物件を見つけては「表面利回りは何%か」「入居率はどのくらいか」「ローンはいくらまで借りられるか、金利はどのくらいか」など、お金のことばかり追いかけていた私は、司法書士さんの「**不動産投資業はありません。不動産賃貸業です**」という言葉に、今まで自分がやってきた不動産投資の誤解に気づかされたのです。

■そして、私が考える不動産投資とは

不動産投資とは、単に自分の資金や他人（金融機関等）から調達した資金を運用するものではありません。

収益の見込める不動産を購入し、利益も損失もすべて自分自身に返ってくる賃貸事業者にな

ることです。事業ですので、同じ物件でも事業者自身の手腕によって、リターンもしくは損失の大小に差が発生します。

株式投資の場合は、その会社の株主にはなっても、その会社自体の経営には直接関与できませんが、**不動産投資は自らの判断、行動によってコントロールする**ことが大きな違いです。

■不動産を持つことで得られるもの

不動産投資をして得られるものと言えば、もちろん家賃収入です。収益性の高い物件を購入して、それが想定どおりに稼働してくれれば確実に家賃は入ってきます。

当然ながら、出ていくお金もあります。固定資産税や建物・部屋の修繕費、管理費用や火災保険、さらに借入金で購入している場合は元金の返済と金利の支払いなどが必要になります。

このように、入ってくるお金（家賃）から出ていくお金（税金、諸費用、元金返済、支払金利）を差し引いた金額をキャッシュフローといい、健全な不動産投資であれば通常、このキャッシュフローがプラスになるように資金計画をします。

安定的にキャッシュフローがプラスになり、税務申告後も一定のお金が残る状態が作れるようになれば、あとは高い入居率を維持していくことによって永続的にお金が入ってくる仕組みを手に入れたことになります。

将来の人口減などの不安材料はあるにせよ、他の事業のような急激な変化、たとえば日本がトップランナーだったガラケーがスマホに入れ替わってしまうなどといった環境の激変は、賃貸事業にはあまり多くありません。賃貸需要の緩慢な変化に注意深く耳を澄ませ、適切な対応を行っていけば、この永続的な仕組みは維持していけるのです。

また、**不動産投資は賃貸事業ですので一人ではできません**。入居者を募集、管理してくれる不動産管理・仲介会社、修繕の際にはリフォーム業者、税務申告のアドバイスをくれる顧問税理士、そして不動産投資の資金を貸し付けてくれる金融機関など、事業を支えてくれる人とパートナーシップを結びながら賃貸事業が円滑に運営できるように自分自身で行動します。

これが煩わしいと感じる方もいらっしゃるかもしれません。

でも、たとえば会社員で会社組織の中だけの人間関係しかなかった人でも、不動産投資を通して積極的に事業を行っていけば、まったく違った業種と違った考えを持つ人達と交流し、自分自身の世界を広めていくことができます。

私自身、もともと不動産とは関わりのなかった人間ですが、今では不動産を通して知り合った仲間のほうが、以前からの仲間よりも多くなっています。

株式投資でも投資仲間のコミュニティはあると思いますが、不動産投資のコミュニティは賃貸事業者の集まりですから、空室、修繕費、税金など共通の悩みを相談しあいます。ともに賃貸事業にチャレンジする同志としての一体感は、金銭で得られる以上の財産だと感じています。

■いくらから始められるか

このように、永続的な仕組みにたどり着ければ安定的に収益を上げることができるのが不動産投資の魅力ですが、それを始めるには大きな資金が必要となります。

後述しますが、築古の区分所有でも数百万円、一般的に売買される物件だと数千万円の資金が必要になるので、数万円から始められる株式投資とは大きな差があります。しかし、実際にはその大半を金融機関からの借入金で賄い、自己資金はその一部となるため、大きな投資をしているというのは通帳の数字上ではわかっていても、どこか他人事のように思いがちです。

特にアベノミクスの2013年から2017年まで、一部の金融機関が不動産投資向けの融資基準をゆるくしたために、一定の安定的な収入のある人はほとんど自己資金を出さずに不動産投資ができる環境でした。億を超える物件を買うのに自己資金は数百万円だけでOKだったり、物件の購入諸費用まで融資してもらい一銭も出さずに購入した人たちもいます。

「この物件は収益性が良く、この金額だったら賃貸事業として採算がとれるから投資する」というのが本来の不動産投資だったはずなのに、一部の投資家の行動が収支を考慮せずに、

「銀行が貸してくれるから買う」

「融資がゆるい今のうちに買えるだけ買っておこう」

に変わってしまいました。

2018年になって大きな揺り戻しがあり、このような無謀とも言える投資家たちはなりを

潜めましたが、購入した物件の収支が合わないとわかって慌てて売ろうとしても、買った値段を大きく下回る価格でしか処分できないでしょう。

２０１８年夏以降は金融機関の姿勢も正常化し、融資の際には一定の自己資金（10〜30％）もしくは相当の資産背景がないと融資は難しい状況です。

投資家個人の属性（**勤務先、年収、資産背景など**）によって必要な自己資金は変わってきます。たとえば公務員の方は収入が安定していることが評価されるため自己資金は少なくても良かったり、同じ年収でも自営業の場合はより多くの自己資金を求められたりします。

金融情勢や金融機関によっても違ってきますが、一般的には普通の会社員の場合、**区分投資で３００万円前後、一棟物投資で１０００万円前後の資産背景が必要**になってくると思われます。

また、金融機関から融資を受けるためには、ふだんから親しい銀行や信用金庫をつくって不動産投資をしたいという意志をアピールしたり、自分の3年分の確定申告や源泉徴収票を用意しておくことも必要です。

■物件はどこで探すのか

不動産投資をやってみたいけれど、どうやって不動産を探せば良いのかわからない？

そうですね。一般の人が不動産に関わるのは賃貸物件を探すときと自宅を購入するときくらいでしょう。私の場合、友人が某ハウスメーカーにいたので、最初はその紹介で大手の仲介業者を紹介してもらいました。もし、信頼できる知り合いなどがいたら、そこから信頼できる仲介業者さんを紹介してもらうのも一つの方法でしょう。

しかし、不動産仲介の業界で一番多く取り扱われているのは自宅用の土地や中古住宅ですので、仲介業者さんの中で不動産投資用の物件を扱ったことがない人もたくさんいます。また、扱った経験のある不動産仲介さんといっても仲介をするだけで、不動産投資を自分でやっている人はあまり多くありません。

つまり、仲介はできるけれど、物件の良し悪しはわからない人が大半です。

一方で、投資用物件を専門に扱っている仲介さんもいますし、自分も投資経験がありアドバイスできることを売りにしている人もいます。もちろん、そういう仲介さんの話をそのまま信じるのも危険です。割高で収益性が悪い物件だとわかっているのに、仲介手数料を得るために良い物件だと言って仲介してしまうことが多々あります。

仲介業者は安心できない、ほかに誰か親身になって相談にのってくれないかと探すと、不動産投資コンサルタントという人たちに出会うでしょう。真面目にコンサルティングをしてくれる人も多いのですが、中には自分のブランディングのために書籍を出し、相談者（むしろ信者かも）を集める自称不動産コンサルタントもいます。

本も出しているからと信用して高額なセミナーに参加し、高額会員になり、どうしようもない物件を買わされたあと、コンサルタントと連絡が取れなくなったという話も聞きます。こんな怖い話ばかりしていますと「仲介会社もコンサルタントも信じられない。いったいどこで探せばいいんだ」と途方に暮れてしまうかもしれませんね。

確かにその通りかもしれませんが、実はそこに決定的な思い違いがあります。それは、結局は**「不動産投資で信じるのは自分の判断力だけ」**であり、アドバイスを受けたとしても最終的な投資判断は自分自身が行うものだ、というところです。

「自分自身が判断する」……そうは言っても最初はよくわからないでしょう。わからなかったとしても、他人に判断をゆだねることはしてはいけません。わからなかったら見送ればよいのです。そして、いろいろな物件情報を見て、様々な角度から検討を繰り返していけば、物件を見る目は自然とついてくるのです。

「物件はどこで探すのか」……その答えは、「自分自身が判断する」ことを肝に銘じれば、ネット上でもリアル店舗でもどこでも良いのです。

たとえばネット上だと「楽待」や「健美家」などの投資物件に特化したサイトや、「LIFULL HOME'S」「アットホーム」といった不動産の総合情報サイトにさまざまな物件情報がありま す。その中で**気になる物件があったらまずは資料請求をしてみる**こと、そこから始めれば良いのです。

株式投資コラム

将来の目標は「社長」だった

私が自ら投資を行い、また多くの人に投資を勧めるのは「人生を豊かにするため」です。ただし、お金が人生のすべてだと言いたいわけではありません。

多くの日本人は真面目に働き、せっせと貯蓄に励んでいます。しかし、年に100万円貯蓄できたとしても、30年かかって貯められる金額は3000万円程度です。これくらいの金額では、例えば老後「儲からなくてもいいから悠々自適にカフェを開業したい」と思っても、いざやってみるとあっという間に資金が尽きてしまうでしょう。

しかし、これを投資に回していけば、30年もあれば1億円にするのはさほど難しくありません。年間リターンにして9%ですから、株式市場の平均（6〜7%）を少し上回る程度です。

株式市場は運に左右される部分が小さくありませんが、「運良く」大きく資産を増やすことができれば、定年退職やセミリタイアで自分のやりたいことを気兼ねなくできるでしょう。宝くじで大金が当たるよりよほど確率が高く、努力が報われる行動です。

実は、私が一貫してやりたいと思っていたことは起業（会社経営）でした。小学校の卒業文集にも将来の目標を「社長」と記したほどです。その流れで、大学は経営学科に進みました。

大学3年の専門課程でゼミを選択するのですが、当時は陸上部で長距離をバリバリやっていたので、練習がない時間に開催されるものとして選んだのが、野村證券のアナリスト出身の先生が主宰する金融ゼミでした。

ゼミでは、日本の学術界ではまだ馴染みの薄かった先進的な金融論や、財務諸表から企業の価値を計算する手法を学びました。偶然入ったゼミでしたが、企業経営と金融を紐づけて考えることはとても楽しかったですし、いつの間にか物事を金融の視点から考えるようになりました。

新卒では大手証券会社に就職しました。そこでは、IPOで株価をいくらに設定すべきか、今日の株価はなぜ動いたのかという、学問の世界からは一歩進んだ株式取引の世界が広がっていました。ただ、そこで気がついたことは、目の前の株価は右往左往するけど、最終的には大学で学んだ企業価値に近づくということでした。そして、この考えを使って巨額の富を築いたのが、かのウォーレン・バフェットだと知ったのです。

私の最初の投資は、外貨MMFへの投資でした。証券会社の職員は、インサイダー取引を防ぐために株式やFXへの取引が厳しく制限されていて、残った手段の中では手数料が低かったためです。金融情報は日々入ってくる環境でしたから、1ドル＝80円くらいの円高になった時に「歴史的に見てもかなり円高だ」という理由で投資しました。今考えたら雑な判断ですが、たまたまタイミングが良かったのだと思います。一時は1ドル＝70円台にまで落ち込みましたが、やがてアベノミクスが始まると1ドル＝100円を回復し、利益を得ました。この経験から、右往左往せずに持ち続けることの大切さを実感したのです。

もっとも、他にいくつもある投資の中で、最高のものは自ら会社を経営することだと確信しています。世界の長者番付を見ると、上位はほぼ全員が会社の創業者やオーナーで、保有資産は自社株です。株式投資は、その最高の投資のおこぼれにあずかる「コバンザメ戦法」なのです。

（栫井駿介）

不動産投資コラム

お金が落ちていると拾いたくなる

私が投資をするのは「目の前にお金が落ちていると拾いたくなる」からでしょう。それは私に初めて投資を意識させてくれた上司の話に影響されたからです。

私は大学卒業後、損害保険会社に就職しました。数年たった頃、酒の席で上司が会社の自社保険加入の際の補助制度を使って「うまく運用しているる」という自慢話をしてくれました。

当時、サラリーマンの投資と言えば株式くらいしか思いつかなかった時代でしたが、その上司は「会社の保険に入ると20％の補助がついて、保険料が10万だったら会社から2万円が手当として支給される。積立型保険でも10％補助がつく」「100万で5年後130万になる積立保険に入ると、10万を会社が補助してくれるから実際は90万で130万になる」と教えてくれました。

会社の補助で自分の自動車保険が安くなるというくらいにしか思っていなかった私にとって、同じ制度を使って資産を増やしているという話は衝撃的でした。しかし、そんな有利な運用ができるのに積極的にやっている人はその上司くらいだったと思います。

当時の私も含め、少しだけ目を凝らしてみれば「お金が落ちている」ことがわかるのに、そのまま通り過ぎてしまう人が多いのではないでしょうか。

誰にでも見えるお金は皆拾おうと思うでしょう。見えるお金はなかなか落ちていないし、見えたと思っても偽物かもしれません。でも、一生懸命探せば見えないお金はまだ沢山落ちているのかもしれません。それを探すトレジャーハンティングはその過程も楽しく、成果が出ればさらに満足を得られるものです。

とはいえ、ハンティングをしているつもりでも逆に狩られてしまうこともありますから、用心する必要があります。私は株式では大きく損失を出したことはありませんが、ＦＸでは中堅サラリーマンの年収くらいやられています。

私がやっているのは不動産投資ですので、もちろん海外不動産についても研究したことがあります。不動産投資は本来、問題が発生しても自分である程度はリカバリーが可能なのですが、海外の物件では自分でリカバリーするのがむずかしい場合もあります。そのため、どんなに良い話を聞いてもやらないことにしています。

日本の危機をことさら囃し立てる人もいますし、確かに資産分散も必要でしょう。でも、リスクヘッジのために投資をするのなら、外国の不動産投資ではなく外国株や債券のほうが合理的だと私は考えています。

（沢孝史）

第1章　まとめ

株式投資を始めるなら……

まず、インターネット証券で口座を開く。
用意する資金は100万円くらいから。

不動産投資を始めるなら……

不動産に興味をもち、たくさんの情報を見ることから始めよう。
300万円から1000万円くらいの自己資金を用意しよう。

第2章 投資のスタイルは人それぞれ

株式投資は、株価だけを見るのではなく、さまざまな指標や情報をもとに判断します。どんな指標があって何を表わすのか、よく頭に入れておきましょう。

不動産投資は、投資物件が区分か一棟物か、新築か中古かで大きく違ってきます。まずはそれぞれの特徴を理解し、長所短所を把握しましょう。

【株式投資】ブレない基準を持つことが大事

■何を見て株を買うのか

日本には約4000銘柄、世界を見渡すと約5万銘柄の上場株が存在します。この中から投資する銘柄を選ぶことはとても大変です。たくさん投資したい銘柄があっても、1銘柄10万円程度かかるということを考えると、投資できる数には限りがあります。

その中から、まず頭に浮かぶのは、皆がよく知っている大企業でしょう。大企業であれば、少なくとも潰れる可能性は低く、安心できると考えがちです。

しかし、それはただの思い込みにすぎません。誰もが知っている大企業である日本航空は、経営状況が悪化した挙げ句、2010年に破綻してしまい、株式は紙くずになってしまいました。有名な会社だからといって、決して安心できるわけではないのです。

それなら、たとえ小さな会社でも、これから大きく伸びると噂される銘柄を買うという考えもあるでしょう。そういった「情報」を探すことこそが株式投資だと思っている人もいるようですが、これは大きな誤解です。

噂になっている銘柄は、すでに多くの人が知っています。あなたがその情報を仕入れたときには株価は大きく上がってしまい、最初の頃に仕込んだ人たちはいつ売ろうかとタイミングを見計らっている頃です。今がピークだと思ったら、多くの人が一斉に売り始めるでしょう。

中には、本当の成長性などは関係なく、意図的に「噂」を仕込んでいる人たちも存在します。そういう人たちは、かつては人づてで少しずつ情報を広げていましたが、現在ではより効率的にツイッターなどインターネットの世界に軸足を移しているようです。

そもそも本当に儲かる情報があるのなら、見ず知らずの人に教えるはずはありません。あなたが「株が上がる」という情報を手に入れたとしたら、その時点で疑ってかかるべきです。

失敗をしない投資をするためには、**あなた自身で投資の基準を持つ**必要があります。幸いにも、基準は明確なものがあり、しっかりと勉強することで大きな失敗を免れることができます。ブレない基準を持つことが株式投資で成功するための第一歩です。

■時価総額

私たちは株価を見て投資しますが、**株価そのものは必ずしも重要ではありません**。なぜなら、株価の数字そのものは何の意味も持たないからです。株価が１０００円の銘柄が１００００円の銘柄よりも「安い」ということは決してないのです。

株式とは、会社の権利を細かく分割しバラバラにしたものだということは説明しました。バ

②株価を見るときは時価総額もいっしょに見る

	A社		B社	
売上高	100億円	<	1兆円	
時価総額	1兆円	>	1000億円	←売上高と比べておかしい
株価	1000円	>	100円	←わからない

ラバラにしたものであっても、最終的には会社そのものです。つまり、バラバラになった株式を全て集めると、会社全体を表すことになります。

その会社の全ての株式を寄せ集めたものが会社の全体像であり、それらを足し合わせた金額を「時価総額」と呼びます。時価総額こそが、会社を理解するためには重要な指標となります。株価を見ただけではA社とB社を比較することはできませんが、時価総額を見ればどちらが大きな会社か判断することができるからです。

同じ事業を行っていて、売上高100億円のA社と、売上高1兆円のB社があるとします。もし、B社の時価総額の方が小さければ、「さすがにおかしい」という感覚を身につけることができます。ところが、A社が1000円、B社が100円という株価を見ても、何も分かることはないのです（表②）。

株価が急上昇している銘柄があったとして、株価チャートだけを見ているとどこまでも上昇しそうな気がしてきます。しかし、その会社の売上高が100億円だとして、時価総額が1兆円にもなっていたら明らかに実体のない「バブル」だということがわかります。甘く見積っても時価総額1000億円程度でしょう。株式の裏付けである会社の価値が無限に増加することはありえないのです。

時価総額を見ることは、私たちが株を買うことで会社を買っているという感覚を持つために重要なことです。**株価を見るときは時価総額も一緒に見る**癖を付けると良いでしょう。

■PER（株価÷1株あたり純利益）

時価総額と並んで押さえるべき指標がPERです。日本語では**株価収益率**といい、**株価が1株あたり利益の何倍になるかを示す指標**です。企業が生み出す利益に対して株価が高いほどPERが高くなります。

企業の価値は最終的にはそこで生み出される利益によって決まります。PERとはざっくり言えば、**投資した金額が何年分の利益で回収できるか**を示すものです。

極端な話、PER1倍の株があったとすれば、1年間保有するだけで投資の元が取れてしまいます。PERが5倍だと5年で回収できるということです。**PERの数値は低ければ低いほど割安**だと言うことができます。

PERは**15倍程度が平均的な水準**です。その企業が今後15年にわたって同程度の利益を出し続けるとすれば15年で回収でき、年間の利回り（1株あたり利益÷株価）は6・67％となります（１÷15×１００＝６・６７）。ＰＥＲ15倍、利回り６・６７％という数値は、株式投資をする上で重要な基準となります。なぜなら、長期で見た株式投資のリターンはこのくらいの水準に落ち着くからです。

ここではずっと同じ利益を出し続けるという仮定を置きましたが、実際にはそのような企業は存在しません。毎年毎年、利益は変動します。

企業が成長し、利益水準が伸び続ける企業であれば、ＰＥＲが高くても一概に割高だとは言えません。今の利益に対してＰＥＲが30倍だとしても、毎年30％ずつ利益が伸び続けるのなら、株価＝投資額は10年で回収できてしまいます。この場合の実質的なＰＥＲは10倍と見ることができるのです。

逆に今のＰＥＲが10倍だとしても、利益が10％ずつ減少してしまうなら30年かかっても回収できないことになり、実質的なＰＥＲは30倍を超える割高水準と見ることができます。

このように、ＰＥＲは将来の利益の見通しを織り込みます。とは言え、将来の利益予想は容易ではありませんから、まずはその企業の現在の利益におけるＰＥＲが15倍よりも高いのか低いのかを見てから、その水準に見合った成長性があるかどうかを考えてみるのが株式投資の出発点です。

■ＰＢＲ（株価÷１株あたり純資産）

次に押さえるべき指標がＰＢＲです。**株価純資産倍率**とも呼ばれ、**その企業が持っている資産に着目した指標**です。

１００億円の資産を持っている企業があり、その企業の負債が60億円だとすると、純資産は40億円です。この企業の時価総額が30億円で取引されていたとするならば、理論上は資産を全て売り払って負債を返せば10億円（40億円－30億円）の利益が出ることになります。

この例のＰＢＲは30÷40＝０・７５倍となります。ＰＢＲの数値が１倍を割ると、持っている資産に対して低い価格が付いているということになり、割安かどうかを示す一つの指標となります。

ただし、実際はそう単純ではありません。企業が持っている資産には、現金化が難しいものが多く含まれます。特に、工場などその企業独特のものは帳簿上の金額で売却できる可能性は限りなく低く、簿価を下回る価値しかない場合がほとんどです。

したがって、資産から負債を単純に引いた純資産の金額が、その企業の価値であるとは考えない方が良いでしょう。資産に着目した投資をするなら、資産の金額以上に質に注目することです。資産の大部分が現金や債券なら簿価で評価できますが、工場や製造設備が中心ならＰＢＲの数値はあまり意味を持ちません。

さらに言えば、企業を丸ごと買収して資産を売り払うということは現実にはほとんど起こりえません。可能性があるとすれば、「物言う株主」が株式を買い占めて、余分な現金などを配当などで支払わせて会計上の価値を「現実化」させようとする場合です。しかし、それが起きるかどうか、個人投資家が予測することは難しいでしょう。

もちろん、ＰＢＲが１倍を割っているなら割安だと考える投資家も多く存在するため、ＰＢＲ１倍が一つの目安となることは否定しません。株価は、そう考える人が多ければ多いほど実現しやすいものです。しかし、企業が持つ本来の価値ということを考えると、資産そのものの質や、ＰＥＲなどの収益性を含めた総合的な観点で評価することが大切です。

■配当利回り（1株あたり配当÷株価）

配当利回りは、ＰＥＲやＰＢＲ以上に確実性の高い指標です。今その株に投資すれば**1年間でどれだけの配当が得られるか**を示すものです。特に、毎年定額の配当を出しているような安定した企業の配当利回りはブレにくく、投資の成果が計算できます。

銀行金利がほとんどゼロに等しい時代に、高いものだと配当利回りが５％を超えるような銘柄も存在します。また配当をしっかり出している企業は、それを当てにした需要があるため株価も下がりにくい傾向があります。高配当株投資は初心者におすすめの手法です。

ただし、闇雲に数値が高ければいいというわけではありません。配当をいくら支払うかは経営者の意志に任されています。数十年以上増配を続ける会社もあれば、突然減配してしまう企業も珍しくないのです。

③株式投資の主な指標まとめ

	PER	PBR	配当利回り
計算式	株価 / 1株あたり純利益	株価 / 1株あたり純資産	1株あたり配当 / 株価
水準	15倍程度が平均	1倍を切ると低い	5％あれば高い
注目点	利益の伸び 継続性	資産の質 （現金など）	配当の継続性 配当方針

出した利益の何％（配当性向）という形で配当金額を決定している企業も多く、そのような企業は利益の変動にあわせて配当も変動してしまいます。利益と配当の両方が減ると、株価も下がる確率が高まります。毎年5％の配当があったとしても、株価が10％下がってしまったのでは元も子もありません。

配当の原資は、最終的には事業の収益です。そのため配当利回りを目的とした投資であっても、その企業が行なっている事業の状況を前もって調べる必要があるのです。とはいえ、基本的にその事業が安定して続けられるかを考えれば良いので、将来の成長性を見るよりわかりやすいでしょう。

■株式投資の情報源

株式投資は情報が命です。会社の事業内容やPER、PBR、配当利回りなどの指標も調べなければわかりません。

新聞の株式欄には株価の変化が毎日書かれていますが、これを見ただけでわかることはほとんどありません。株価の数字自体はその会社のことを何も表していないからです。

多くの人が使っている最大の株式投資の情報源といえば「Yahoo!ファイナンス」でしょう。簡単な会社の紹介や株価チャート、時価総額、ＰＥＲ、ＰＢＲ、配当利回りといった情報が全て掲載されています。それぞれの銘柄だけでなく、各指標におけるランキングも掲載されており、必要な情報の大部分はここから得られます。

会社の情報をもう少し詳しく見たいと思ったら、東洋経済新報社が出版している『会社四季報』が役に立ちます。投資家のバイブルとも呼ばれ、日本の全上場企業の情報が一冊に掲載されている貴重な情報源です。

1社あたりの情報は2分の1ページしかありませんが、その中にさまざまな情報が盛り込まれています。特に注目すべきは記者のコメントです。直近の業績が好調なのか不調なのか、今何に力を入れているのかといった記者のコメントを読むことで、現在会社が置かれている状況を推察できます。数字だけではわからない有機的な情報です。

より本格的に分析を行いたいと思うなら、有価証券報告書をマスターすれば怖いものはありません。平均して50ページにもなる厚い書類ですが、会社に関する情報はここに全て書かれていると言っても過言ではありません。過去5年間の実績や会社の事業内容、リスク要因、直近の財務諸表、各事業別の業績など、投資家が求める情報が満載です。

有価証券報告書は、各会社のホームページや金融庁が運営する「EDINET」というサイトからダウンロードすることができます。

情報源も大切ですが、**何より重要なのは会社に興味を持つこと**だと思います。ある会社の株価が上がっているという話を見聞きしたらその会社に興味を持ち、いったいどんな事業をしているのか、何か伸びているのか、株価は割安なのか割高なのかといったことを考えながら調べることが、投資の力をつける一番の近道です。

今はパソコンやスマートフォンですぐ検索できる時代です。最初はあまり難しく考えずに、気になった会社の情報をサクッと「ググって」みることから始めましょう。

■さまざまな投資法

株式を買う前に重要となるのが、どのような投資方針を取るか、あらかじめ決めることです。大まかに分けても、**短期投資と長期投資では取るべき行動が全く異なる**からです。

株価は短期的には市場で株式の取引をする投資家の需要と供給で決まります。瞬間的な取引を嗜好する人は、他の人が何を考え、その株を買いたいと思っているのか、売りたいと思っているのかを推測しなければなりません。株式や会社の中身よりも、株価の動きに着目した取引を行います。

短期の株価変動は投資家の心理によって決まりますが、時間がたつうちに株価は企業の利益水準や財務状況にあわせて動くようになります。長期投資を考える人は、企業の業績がどうなりそうかということを考えて取引しなければなりません。

短期投資と長期投資のどちらがいいのか、一概に言うことはできません。なぜなら、どちらの方法でも成功している人がいるからです。ただし、それぞれの方法で成功を分ける大きな要因があるとすれば、あなたの性格がどちらの方法に向いているのかということです。

短期投資に求められるのは、株価の動きを見て**瞬間的に売買を決定する決断力**です。株価はめまぐるしく動きますから、あれこれ考えていては手遅れになってしまいます。深く考えている時間は少なく、感覚的に決断することが求められます。この感覚は売買を重ねれば重ねるほど身に着くことから、サッカーのようなスポーツに近いと言えるかもしれません。

一方の長期投資に求められるのは、**論理的な思考力と忍耐力**です。企業の業績を分析し、数年後の未来がどうなりそうか様々な要素を考慮して投資を決定します。しかし、良い分析をしたからといって、すぐに株価が思い通りの水準になるわけではありません。短期的な株価は投資家の心理によって決まるため、いつ心理が業績に追いつくかはわからないからです。先々の戦略を立て、相手の出方を見ながら論理的にそれを実行していく将棋のようなものと言えるでしょう。

あなたがどちらの方法が向いているのかは、最終的にはやってみなければ分かりません。もし、あるやり方でやってみてうまくいかないと感じるのであれば、他の方法で挑戦してみながら自分に合った投資法を見つけていくしかないのです。

①デイトレード

デイトレードとは、**1日のうちで売買を完結させてしまう取引**のことです。動きがありそうな銘柄に着目し、少しでも上昇したら利益を確定させます。買った株はその日のうちに売ってしまい、翌日に持ち越すことはありません。

この方法のいいところは、**毎日利益が確定する**ことです。リスクを持ち越すことがないので、明日の株価がどうなるか心配する必要はなく、突然の悪材料などによる大きな損失を免れることができます。

デメリットは、**一日中画面に張り付いていなければならない**ことです。株価の細かい動きに反応し、常に取引できる姿勢を整えなければなりません。仕事を持っているサラリーマンなどが行うことは難しく、専業投資家向けの方法と言えるでしょう。１回１回のトレード利幅は小さく、それぞれに売買手数料がかかる、薄利多売の方法です。

株価の動きは短期的にはランダムですから、結局はパチンコのようなギャンブルとあまり変わらないと考えることもできます。しかし、世の中に「パチプロ」が存在するように、デイトレードによって利益をあげ続けている人もいて、一概にギャンブルと切り捨てることもできません。

②スイングトレード

スイングトレードは、**数日から数週間にかけて行う取引**のことです。中期のチャートに着目し、その法則性を見出します。買う銘柄そのものの価値よりも、株価の動きやそれに影響を及ぼす材料（ニュースなど）を見て取引を行います。

数日から数週間は保有したままになるので、**サラリーマンでも比較的行いやすい**方法と言えます。チャートの見方を身につけていれば、ある程度の確実性を上げることもできるでしょう。

一方で、デイトレードとは異なり、**株を持ち続けるリスク**にさらされることになります。思った通りに株価が動けば良いのですが、いつもそううまくいくわけではありません。途中で予期しない悪材料などが出た場合には、チャートはあまり意味をなさなくなります。そのリスクは認識しておく必要があるでしょう。

③高配当株投資

配当に着目した投資は初心者におすすめの方法です。株価の動きを予想することは容易ではありませんが、配当はほぼ確実に得られるものです。株価の変動さえ気にしなければ、高いもので投資額の５％程度の配当を毎年得ることができます。

ただし、あまり安易に考えてもいけません。いくら配当利回りが高くても、株価が大きく下落してしまったり、配当が減らされてしまったりしては元も子もありません。長期にわたって安定した配当を出しているのか、業績は安定しているのかなどにしっかりと着目していく必要があります。

配当がしっかりしている銘柄は株価そのものも下がりにくいため、比較的安心して持っていられます。運良く株価が上昇することもあるでしょう。ただし急上昇することもあまりないため、大きな利益を期待するべきではありません。何十％も儲けたい人には退屈な投資法と言えます。

高配当株投資と同じような感覚で、株主優待を目的とした投資もあります。中には、株主優待を金銭換算して「優待利回り」を算出する個人投資家もいます。株主優待が届くのを待つのも一つの楽しみでしょう。

④成長株投資

成長株投資とは、これから**大きな成長が見込まれる会社に着目して投資する**ことです。目論見が当たり、本当に大きく成長したら株価が10倍になることも夢ではないでしょう。とても夢のある投資法と言えます。

流行っているお店を見つけたら、その会社が上場しているかどうかを調べます。上場していて、株価がまだ高騰していなければその会社の株に投資すれば良いのです。最近では、「いきなりステーキ」を経営するペッパーフードサービス（３０５３）がおよそ1年で10倍となりました。大化け株は案外身近に潜んでいるものです。

しかし、あなたの選球眼がいつも正しいわけではありません。全く見当はずれになっていることだってあるのです。また、一番の問題は**すでに株価が高くなりすぎている**可能性があることです。マーケットの参加者は常に次の10倍株《テンバガー》を探し求めています。あなたが見つけた時にはすでに大部分の投資家が知っていて、株価がもう上がらないほど割高になっていることだって珍しくないのです。**上がりすぎた株は急降下する**ことも珍しくありません。

また、本当にいい銘柄を見つけても、**なかなか上昇しない**こともあります。自分の考えが正しいのか不安になりますが、その時は自分を信じて何年でも待つ忍耐力が必要となります。

⑤割安株投資

割安株投資とは、PERやPBRなどの投資指標に着目し、**本来あるべき価値よりも割安になっている銘柄**に投資するものです。成長株のように大化けする可能性は高くありませんが、安定した業績が見込まれる株に投資するので、大きく値下がりするリスクも限定的です。

この方法は、世界一有名な投資家である**ウォーレン・バフェットも実践する方法**であり、企業の業績や株価指標に着目する論理的な方法と言えます。「いい株を安く買う」という、シンプルな考え方です。

気をつけなければならないのは、割安な株が**いつまでたっても割安なままでいる**ことです。

④典型的なイナゴタワーのチャート（出典：Yahoo!ファイナンス）

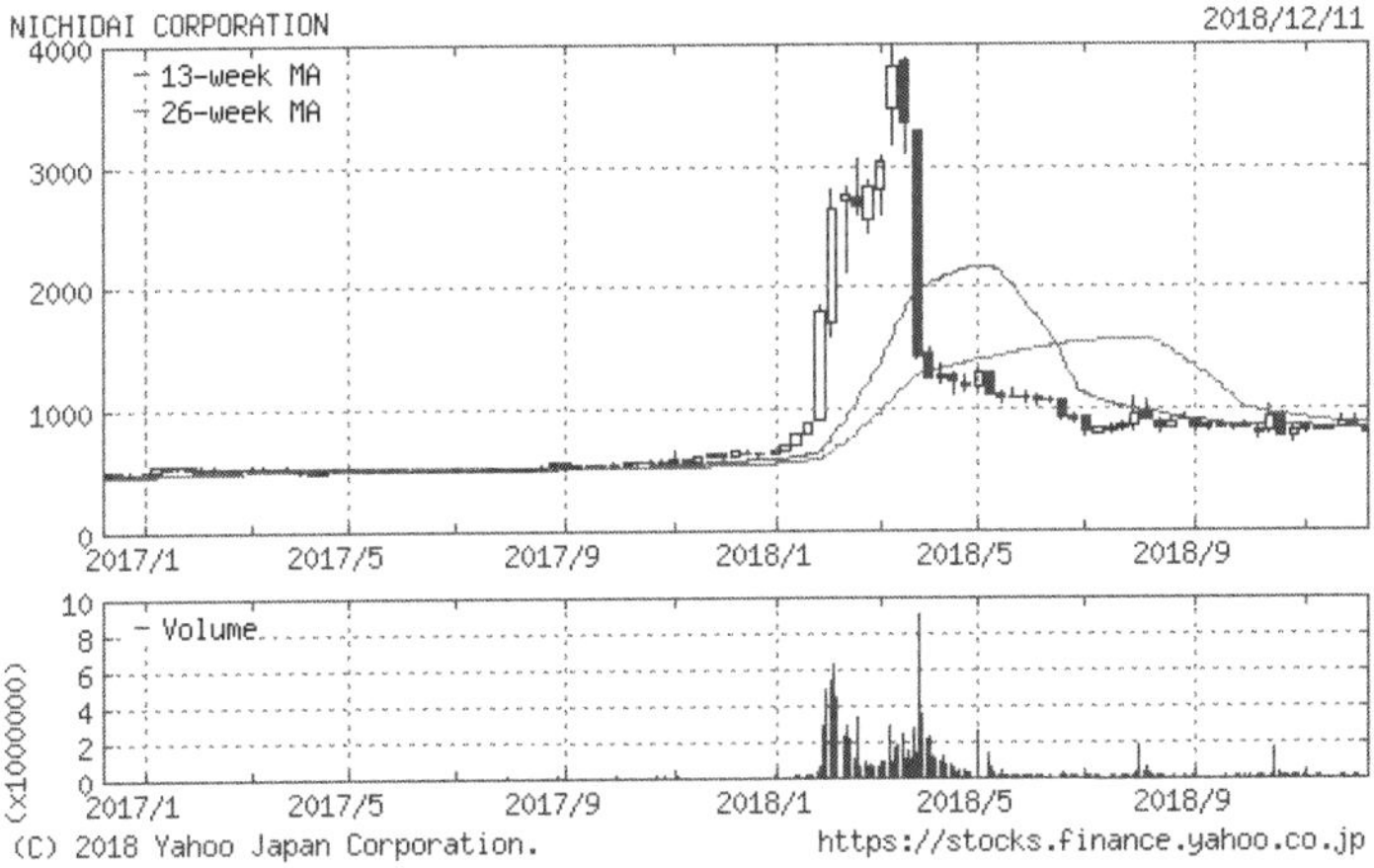

これを「バリュートラップ」と言います。割安とは不人気ということであり、人気が出るまでには長い時間を要することがあります。

また、割安な株を追い求めるあまり、**業績不振の会社の株に手を出してしまう**こともありえます。業績不振であれば株価は右肩下がりに落ちていってしまうのです。長期で持ち続けることから株価変動のリスクも負うことになり、財務状況や事業の将来性を見通す分析力が欠かせません。

■やってはいけない投資法

①イナゴ投資

どの投資法が正解ということはありませんが、これだけはやってはいけないという方法があります。それは「**イナゴ投資**」と呼ばれるものです。これは、一時的に儲かることがあっても最終的に大きな損をする可能性が高いものです。

「イナゴ」はバッタの一種で、時に大量発生してあっという間に農作物を食べ尽くし、一瞬にして離散していきます。これを特定の銘柄に群がる投資家に見立てます。

ある銘柄が「上がる！」と誰かが叫ぶと、それを聞きつけて我先にと買いが集まります。買いたい人が増えれば増えるほど、株価は急騰します。しかし、その頃には最初に叫んだ人はすでに売り抜けていて、やがて急騰した株価は瞬く間に下落します。こうして株価チャートには突如として垂直な「イナゴタワー」が出来上がるのです（図④）。

最初に仕込んでいた人は莫大な利益をあげられたかもしれませんが、タワーの中盤以降に買った人は多額の損失を被ってしまいます。1回運よく利益をあげられたとしても、莫大な損失を出してしまうリスクは常に付きまといます。

最近ではツイッターなどのSNSを使用して、組織的に最初の一声を上げて計画的にイナゴタワーを作り上げる集団も散見され、餌食（株式投資では「養分」と呼びます）になる人があとを絶ちません。

意図的に株価を変動させる行為は、違法行為である「相場操縦」や「風説の流布」にも該当しかねないグレーゾーンであり、そのような行為に加担しないためにも、根も葉もない「噂」を元にした取引は避けるべきです。

投資で大切なことは「**自分の頭で考えること**」です。本当にいい銘柄があったとして、それを**タダで教えてくれる他人はまずいない**と考えなければなりません。そのような場面に出くわしたら、一度立ち止まって自ら手と頭を動かしてみることが不可欠なのです。

②「テーマ型」投資信託

投資信託とは、運用を「プロ」に任せるもので、投資家自身は一度入金したらそのままにしておくものです。市場全体の動きに連動する「インデックス型」や中小型株に投資するものなど、さまざまな種類があります。投資信託は証券会社の主力商品となっています。

この中で最も気をつけるべきなのが、「テーマ型」投資信託です。最近で言うとＡＩやロボットなど、テレビや新聞を賑わせる目新しい技術を扱っている銘柄を集めて投資しているものです。どの証券会社でも店頭やホームページに華々しく並べられています。

しかしそのパフォーマンスは総じて惨憺たるものです。なぜかと言うと、新聞やテレビで話題になっている時点で既に後追いであり、株価は割高になっている可能性が高いからです。その投資信託が設定された頃が株価のピークであり、後は下落するしかないということが往々にして起こります。

そんな投資信託をなぜ証券会社が設定し続けるのかと言うと、商品が売れるからです。**証券会社の目的は売買手数料を稼ぐこと**です。そのためにはどんどん新しい商品を買ってもらわなければなりません。そこではお客様である投資家が儲けられるかどうかは二の次であり、とにかく売れる商品を作ることが目的なのです。

その結果、証券会社で売られている投資信託の9割は買うに値しない商品になってしまいます。1年前の目玉商品は、1年後には誰も見向きもしない不良在庫になっているのです。これは、証券会社が次々に新しいテーマに乗り換えさせているからです。投資信託は投資家にたくさん売買させることで、証券会社がより儲かる仕組みです。

もちろん、中にはしっかりとした考え方によって作られている投資信託もありますが、それはごく一部にすぎません。証券会社は最終的に手数料を稼ぐことが目的であることをいつも頭に入れておく必要があります。

他人に金融商品を勧められたら、その裏にあるものを考えることで、あなたの投資リテラシーを高めることにつながります。

【不動産投資】自分の判断と行動でコントロールする

不動産投資とは、単に自分の資金や他人（金融機関等）から調達した資金を運用するだけのものではありません。収益が見込まれる不動産を購入し、利益も損失もすべて自分自身に返ってくる不動産賃貸事業者になることです。そのため、同じ物件でも事業者自身の手腕によってリターン、もしくは損失の大小に差が発生します。

株式投資の場合は、その会社の株主にはなっても、会社の経営自体には直接関与できませんが、不動産投資は自らの判断、行動によってコントロールすることが大きな違いです。

現在行われている代表的な手法について解説していきましょう。

1．マンション区分投資について

■新築の区分投資

私自身はお勧めしない投資法ですが、職場、自宅、個人の携帯などに電話セールスを受けた経験がある方も多いでしょう。東京、名古屋、大阪、福岡、札幌などの大都市で「立地が良い」場所に建設され、部屋の広さは20～40㎡、間取りは1K、1LDKが中心です。

よくあるセールストークは次のようなものです。

「希少価値があり、将来の需要も見込まれ、資産価値が高いですよ」

「年金不安の中、私的年金として、またサラリーマンであれば当初の節税効果、そしてローンに生命保険が付帯される場合は、生命保険代わりにもなります」

「当社が入居募集から管理まですべて請け負いますし、サブリース（販売会社がオーナーから借り上げて転貸するもの、空室になっても賃料は支払われる）いたします」

「毎日のコーヒー代程度の負担でこんな良い場所のマンションオーナーになれます」

サブリースについては契約内容に危うさがあるものの、こうしたセールストーク自体に誤りはなさそうです。ただし投資としては、たった一つの、しかし致命的な問題があります。

それは「**見込まれるリターンに対して投資金額が高すぎる**」ということです。

■中古の区分投資

私には高すぎると思える新築の区分投資ですが、「いや、そうではない。新築区分は良い投資案件だ」と評価し購入する人は確実にいて、だからこそ、それが様々な過程を経て中古の流通市場に流れてきます。

中古市場では、物件価格に対しての家賃収入、経費実額、資産価値などを新築時よりもシビアに勘案する投資家たちによって物件価格が決まり、売買が成立します。

ひとくくりに中古区分投資といっても、築年数や間取り、専有面積によっても投資手法が変わってきますが、まず、中古区分投資に共通する特徴をみていきましょう。

①少額から投資できる

投資案件としての成否は別として、**数百万円程度から購入が可能**であり、取り組みやすい。そのため、ローンを組んで購入する層、現金買いで購入する層が混在しています。

②市場流通期間が短い

現金購入の投資家は判断が早く、条件の良い物件の場合は情報が公開されて数時間で買付申込（投資家が購入の意思表示を書面にて行うこと、購入義務は発生しないが正当な理由なくキャンセルした場合は道義的な責任を負う）が入ることも多いようです。

これは中古区分専門に投資する人の中に、投資をしたい地域の区分物件を事前に調査しておき、狙っていた物件名が出た瞬間に買付申込や価格交渉を始める層がいるからです。

売却する側からすれば、一般に流動性に乏しいといわれる不動産投資の中でそのデメリットが小さい物件があるということですが、購入を考える側からすれば、事前に物件調査をして購入資金の目途をつけておく必要があることを意味します。

③両手取引での売買成立事案が多い

投資物件価格が、数百万円から高くても数千万円程度と不動産の仲介としては少額であるため、不動産仲介業者は売主、買主双方の仲介を行い、仲介手数料の上限額である「売買価格×3％＋6万円＋消費税」を売主、買主双方から得られる、いわゆる両手取引を望みます。

億を超える規模の大きな案件と売買の手間がほとんど変わらないのに手数料実額が小さくなる傾向のある区分物件については、最初から両手取引を希望し、買主側に別の仲介業者が介在することを嫌うことが多いのです。

④表面家賃と実質家賃の差が大きい

賃貸物件を所有した場合、入ってきた家賃がそのまますべて収入にはなりません。これは一棟物でも区分でも同じですが、一棟物なら管理業者の選定や交渉によってコストの圧縮を図れる可能性があります。しかし、区分の場合は管理組合によって毎月の**管理費、修繕積立金**の額が定められており、これがかなりの負担になります。

ワンルームマンション（20㎡程度の単身向け1Kの間取り）などで家賃が安めの場合、もう一つ大きく影響する費用は**退去後の修繕費用**です。

たとえば、首都圏であれば家賃6万円、地方都市では3万円だったとしましょう。退去の際、部屋のクリーニング代が1万円、壁紙の張替え等の修繕が5万円かかったとすると合計6万円、家賃6万円であれば1か月分の家賃で補塡可能ですが、家賃3万円では2か月分が消えます。

単身物件の平均入居期間は2～3年ですので、仮に2年とすれば同じ入居状況で毎年0・5か月分収入が低くなる可能性があります。

⑤物件規模によって将来の大規模修繕のコストが違う

マンションの修繕積立金は将来予想される大規模修繕、たとえば外壁塗装やエレベーターのリニューアル費用などの高額な費用を予測して積み立てていくものです。しかし、実際に大規模修繕が必要になったときに修繕積立金で賄える保証はありません。

その時期になると、一般的に一棟（最低でも30室以上ある物件）で、エレベーター無しで2000万円前後の積立金、エレベーターありで3000万円前後の積立金が必要になると思われます。修繕積立金の額が小さい場合には不足分を追加で払う必要が出てくるかもしれません。

■築浅区分投資と築古区分投資を比較する

次に区分の築年数に着目して、もう少し詳しく見ていきましょう。

①築浅区分投資

私見ですが、築数年のものから築10年、物件によっては経年劣化が少ない築15年までの比較的良質な物件もふくめて「築浅区分」としてとらえています。このグループに入るのは、現在**必要とされている賃貸物件としてのスペックを満たしたもの**です。

専有面積30㎡前後でオートロック、バス・トイレ別、独立洗面化粧台、脱衣所があり、室内洗濯機置き場、ベランダ有、間取りは1ルームではなく1K以上、居室8帖以上などを満たし、安定的な需要の立地にあるものです。たとえ築数年であてはまっても、現在要求されているスペックの一部が欠けていたり、需要が弱い立地の物件は、このグループには入りません。

一般的に、新築区分を企画する新築デベロッパー（業界用語では新築デベ）は高額の新築販売価格を設定しているため、築浅物件は良質な物件と思われています。そうした築浅物件は投資希望者も多いため物件価格はあまり下がらず、利回りは新築物件に比べてもそれほど高くなりません。そのため、ローンで購入する場合はキャッシュフロー（家賃収入から返済を引いた残りのお金、ＣＦと略する）が潤沢に残るわけでもありません。

②築古区分投資

業界では「ちくこ、ちくふる」と呼ばれますが、大体築25年オーバーくらいからはこのグループに入ってきます。典型的な築古は築30年前後、**平成バブルの頃に主に不動産投資をしたい**

サラリーマンが投資したものです。

立地は良いものも多いのですが、スペックは大半が20㎡以下で、設備の特徴はバス・トイレ・洗面が一体となったいわゆる「3点ユニット」で、室内洗濯機置き場ではなくベランダ設置などのものもあります。築浅に比べて購入希望は少なく、利回りは高めになります。

つまり、立地条件が同一とした場合、最初の新築も合わせて考えると次のようになります。

新築・賃貸フルスペック＝表面利回りは小＝融資購入の場合CFはマイナス
築浅・賃貸フルスペック＝表面利回りは中＝融資購入の場合CFは小
築古・賃貸必要最小限　＝表面利回りは大＝融資購入の場合CFは中（実は現金購入が多い）

ただし、これは表面家賃での比較です。築浅と築古では得られる家賃の額に大きな差がありますので、管理費、修繕積立金、さらに入退去時の費用などを控除したあとの利回りで考えると、築浅と築古の差は縮まってくる傾向にあります。

■区分投資の利益をどこに求めるのか

ひとくちに区分投資と言っても、このようにさまざまな種別がありますが、投資目的はただひとつ「**投資によって利益を上げること**」です。それぞれ、どの部分で利益を上げることがで

⑤新築区分投資の利回りは実質どのくらい？

販売価格 1973 万円　新築区分の収支モデル

		月額	年間	利回り
収入	新築時家賃	74000 円	88.8 万円	4.50%
	再募集家賃	71000 円	85.2 万円	4.32%
費用	管理費等	10000 円	12 万円	
	空室損 5%		4.3 万円	
	退去修繕費＊		3 万円	
	固定資産税＊＊		5 万円	
		費用合計	24.3 万円	
再募集家賃－費用			60.9 万円	3.08%

＊２年に一回退去とし、一回の費用は６万円とする。
＊＊概算

きるのかを考えてみましょう。

①新築区分投資の利益はどのくらいか

新築デベ大手の販売パンフレットによると、期待できる利回りは４％～５％だそうです。物件の家賃設定は一般に築10年以内の物件に対して５％前後割高に設定していますので、退去が発生する数年後に家賃は５％下がるとして試算したものが表⑤になります。

再募集家賃で諸経費も差し引いて計算すると、パンフレットに記されていた利回り４・５％が３・０８％に低下することがわかります。購入費用の大半をローンで返済する場合、その借入に対する金利は１％～２％になります。中間をとって１・５％だとすると、金利を差し引いたあとの利回りは２％確保できれば良いほうでしょう。

ただし、この２％の利回りを確保するためには、たとえば10年後にこの物件が購入時と同じ価格で売却できなければなりません。しかし、新築と築10年が同じ価格で売れるためには、家賃が下がらないことが最低限の前提となります。

つまり、毎年２％ずつリターンを得て10年間所有していたからといって、20％のリターンがあるわけではないのです。所有しているあいだに物件価格が20％下がっていたらリターンはゼロ、30％下がっていたら実は含み損を抱えることになります。

そう考えると、新築区分投資でメリットが得られる可能性があるのは

・極めて希少価値があり、家賃も下がらない物件で
・その物件を現金もしくは１％未満の金利で資金調達して購入できる人

になります。

ローンを前提とした新築区分投資は、実はあまり利益をもたらしてくれないのです。

②築浅区分投資の利益はどのくらいか

こうした弱点に気づいた購入者などが売却することによって、新築区分は築浅区分として市

⑥新築区分が築浅になると利回りはすこし上がる

販売価格 1973 万円　新築区分の収支モデル

↓

流通価格 1480 万円　築 10 年　築浅区分の収支モデル

		月額	年間	利回り
収入	購入時家賃	71000 円	85.2 万円	5.75%
費用	管理費等	10000 円	12 万円	
	空室損 5%		4.3 万円	
	退去修繕費＊		3 万円	
	固定資産税＊＊		5 万円	
		費用合計	24.3 万円	
募集家賃－費用			60.9 万円	4.11%

＊ 2 年に一回退去とし、一回の費用は 6 万円とする。

＊＊概算

場に流通します。前項の新築収支モデルが10年経過し、購入価格の25％ダウンで次の投資家の手に渡ったらどうなるのか見てみましょう（表⑥）。

金利1・5％のローンを使い購入したとすると、利回りは3％前後になり、新築時の利回り2％より1％増えました。たった1％の差ですが1・5倍になったわけです。

また、この物件を10年所有した場合、新築で20％以上物件価格が下落すると利益は望めませんが、この築浅モデルの場合は30％下落が境界となってきます。一般的に新築の価格はデベロッパーの利益が大きく乗せられているため当初の価格下落幅は大きいのですが、急落時期を過ぎれば緩やかになる傾向があります。

築浅区分投資は、大きな利益は望めない

⑦築古区分はバブル期物件で利回りは高め

流通価格 650 万円　築 30 年　築古区分の収支モデル

		月額	年間	利回り
収入	購入時家賃	58000 円	69.6 万円	10.70%
費用	管理費等	8000 円	9.6 万円	
	空室損 10%		6.96 万円	
	退去修繕費＊		3 万円	
	固定資産税＊＊		3.5 万円	
		費用合計	23.06 万円	
募集家賃－費用			46.54 万円	7.16%

＊２年に一回退去とし、一回の費用は６万円とする。
＊＊概算

ものの、**着実に投資資金を回収していきながら物件の価値下落が少ないことによって、その差を投資の利益として狙っていく投資**なのです。

③築古区分投資の利益はどのくらいか

築年数は30年を超え、部屋も狭くバス・トイレ・洗面一体式が多い築古物件は、新築、築浅の物件に比べれば評価が低く、価格も低くなりますので、その分利回りは高くなってきます。

築古の場合、価格、利回りの差は大きいのですが、標準的なモデルで考えると表⑦のように利回り７％くらいになります。

これを同様に金利１・５％のローンで購入したとすると、金利を差し引いた利回りは６％くらい。新築で２％、築浅は３％でしたので、新築の3倍、築浅に対しても2倍になっています。

これだけ見ると築古が有利に思えますが、しかしデメリットもあります。

まず注意すべきは**大規模修繕の費用**です。修繕積立金が十分でない物件の場合は追加費用が発生します。またエアコン、ガスなどの設備も故障が多発しますので、その出費も積み重なれば大きくなります。また、極端に**家賃が安い場合は家賃収入に対して諸費用の割合が非常に高くなり**、利益を圧迫します。

また、賃貸物件として部屋自体の魅力は少ないので「立地が良い」「家賃が比較的安い」などマイナス面をカバーするメリットを常に意識し、賃貸募集をしてくれる仲介会社（客付会社）とも連携して入居率を維持していくことが大切になります。

従って、空室になったら入居募集のお願いで客付会社さんを訪問したり、日常の修繕費を節約するためできることは自分でやるなど、**積極的に賃貸経営に関わる必要**が出てきます。

では、最後に区分所有投資についてまとめてみましょう。

新築区分投資……リターンに対して価格が高く、投資としては成立する可能性が小さい。

築浅区分投資……所有している間は大きなリターンは望めないが、一定期間所有してその間に投資資金を回収していき、売却時点での売却価格と未回収部分との差で利益を得る可能性が高い。

築古区分投資……安価に購入できれば一定以上の利回りを確保することができる。ただし、突発的な費用発生のリスクと空室率上昇のリスクに対する経営センスが必要。

2. 一棟物投資について

■新築一棟物投資

土地を入手しアパートやマンションなどを建てるか、もしくは業者さんが企画したものをそのまま購入して賃貸経営を始める手法です。現在、私はこの手法で数年に一棟前後、新築物件を増やしています。

では、詳しく見ていきましょう。

■業者企画物件

最近、「不動産投資」で検索してみると仲介業者やポータルサイトと並んで、新築アパートやマンションの建売業者の宣伝が出てくることが多くなりました。大体表面利回りで6〜8%程度と謳う物件が

⑧平均的な業者企画物件の例

立地	埼玉県　○△市 □×駅　徒歩10分
敷地面積	170㎡
構造	木造　2階建
建物	建坪　200㎡
間取り	一室24㎡　1K 8室

価格	7680万円
年間家賃収入	576万円（月48万円）
表面利回り	7.50%

多く、地域は首都圏、福岡、名古屋、札幌などさまざまです。

具体的には表⑧のようなものが多いと思われます。

この物件で25年返済、金利1・5%で7000万円の融資を受けるとして、物件価格との差額と購入諸費用を自己資金（合計でおおよそ1000万円程度）で支払い購入すると、月々の返済額は28万円です。

表面家賃は月48万ですから、管理費や空室損、修繕費（新築の場合は少額）、固定資産税等で家賃の20%を控除しても約38万円残ります。つまり、月々のローン28万円を返済した後でも月10万円が手元に残る（キャッシュフローが残る）計算です。

自己資金1000万円を回収するまでには10年前後必要になりますが、借入元金が減っていく（物件に費やしたお金が回収できていく）ことも合わせて考えれば良さそうな投資に思えてきますし、私もこのような案件はすでに4棟投資し、予想通りの結果を出しています。

しかし案件によっては「予想外の結果」に見舞われ、大変なことになっている投資家もいます。その典型は、スマートデイズが企画販売したシェアハウス「**かぼちゃの馬車**」や、入居率が極端に下がった**狭小アパート**のオーナーの皆さんです。

その手口は単純で、**新築賃貸物件の特徴を狡猾に利用したもの**でした。

■新築物件の特徴と悪用例

新築賃貸物件は次のような特徴があります。

①新築物件というだけで家賃に上乗せができる（新築プレミア）
②立地が悪くても新築の魅力で入居付けが可能
③間取りが悪くても新築なので入居付けが可能
④入居が決まりづらい物件については、客付会社に特別ボーナス（広告宣伝費の上乗せ等）を出したり、入居希望者に対して長いフリーレント期間を設定して入居促進する
⑤それでも決まりづらいと判断される場合は、満室まで業者が家賃負担をする

また賃貸物件は、部屋を小さくすればするほど計算上の利回りは高くなります。たとえば32㎡の１ＬＤＫ４室の物件より16㎡のワンルーム８室のほうが、満室になれば利回りは高くなります。しかし、16㎡のワンルームに入りたい人がいなければ計算上の利回りは実現できません。

神奈川県に多い一部屋10㎡ほどの狭小アパートや、７㎡の狭い部屋を詰め込んだシェアハウス「かぼちゃの馬車」は、この手法で見かけ上の利回りを取り繕いました。尻込みする投資家には、サブリース契約で長期にわたって借り上げることを約束し、投資させたのです。

このように、さまざまなテクニックを駆使すれば最初の数字だけは表のとおりにすることが可能ですが、このような厚化粧はすぐに崩れてしまうものです。

■業者企画物件の見分け方

しかし、業者の企画したものがすべてこうした厚化粧物件ではありません。順調に運営できている物件もあります。見分けるためには新築物件の特徴を理解し、悪用されていないか確認できるようになれば良いのです。そのポイントをお話ししていきましょう。

①家賃設定は正しいのか

新築であれば、最初だけは相場の家賃より5～10％高くても入居が付きます。しかし、それは1回かぎりで、2順目でこの「新築プレミア」は無くなります。平均入居期間は2～3年ですから、3年経過すればプレミア分の家賃収入は下がることになります。

収益の最大化のために最初にプレミア家賃をとることは否定しませんが、正しい投資判断をするためにはプレミアがなくなった状態での収支を基本に考えることが大切です。

②ニーズにあった間取りか

ファミリー需要は高いのに単身には人気がない地域、最寄り駅などがあります。

新築投資用物件の場合、ファミリー間取りでは収支が合わない場合が多いので、おのずと単身物件になります。単身需要が底堅くある地域かどうか、投資する前にその地域の仲介会社さんを数社回ってみましょう。それだけでこのリスクは回避できるのです。

③間取りは適正か　将来も競争力のある間取りか

私は製造業の会社員もやっていますが、製造業では新製品を出すときは旧型より、また他社製品より少しでも良いものを作り出そうと多大な努力を払います。しかし、不動産業界で一般に企画されている新築物件を見ると、ありきたりの間取りや、既存物件より明らかに使い勝手の悪いものだったりして驚かされます。

これは、計算上の利回りを追い求め、また建築コストを抑え販売業者の売却益を最大化させるために「住みやすい間取りよりも作りやすい間取り」を優先させることが根底にあるように思います。

ですが、入居者の身になって間取りを見れば、こうしたことはすぐに見破れます。

たとえば部屋の幅ですが、普通は有効寸法で２・７ｍくらい（６帖間の横幅寸法）は欲しいところですが、２・３ｍ前後しかない物件もあります。帖数は縦×横で計算するので積が同じであれば表示帖数は同じになりますが、使い勝手、部屋の開放感は大きく違います。敢えて細長くて狭く印象の悪い部屋を作っているわけですが、その裏にはこんな会話があったのかもしれません。

建築士　「この土地だと建物の幅は最大で16・8ｍ、1室2・8ｍの間口だとちょうど6部屋ですね。壁の厚みを引いても有効幅は2・7ｍなので、使いやすい部屋を作るとして、2階建てなら12室プランが出来ますね」
企画会社「間口2・4ｍにすれば7室とれるよね、2階建て14室プランがいいなあ」
建築士　「確かに出来ますけど、壁分を引くと有効で2・3ｍになって狭くなりますよ」
企画会社「高く売れて利益も出るから14室プランで決定ね。新築の入居は問題ないから」

私自身、自分で土地を見つけて建築士と企画を検討することもありますが、利回りが高く取れることが分かっていても商品力の劣る幅2・3ｍプランはやりません。しかし「売ってしまえば後は知らない」と考える業者企画物件では、「素人投資家を利回りで釣るための間取り」も散見されるのです。

■企画会社には狩猟民族と農耕民族がいる

別のアプローチとして、企画会社の素性（素行）で新築企画を見分ける方法もあります。
私は新築企画を行う会社の物件を多数見てきましたが、4つに大別できるように思います。

Ⓐ大手社の企画物件で系列管理会社が管理し、共存共栄を目指す物件

Ⓑ大手社の企画物件で系列管理会社が管理するが、その利益構造が建築請負に大きく偏り、販売促進のため将来解約することを前提として過大なサブリースを提示している物件
Ⓒ物件管理の部門を持たない中小の会社が企画販売で利益を上げるために作る物件
Ⓓ物件管理を本業とする会社が自社管理物件を増やすために企画した物件

Ⓐ、Ⓑグループは全国展開の大手社であり、主要顧客は土地所有者です。本書の趣旨とずれるため多くは話しませんが、有名人を使ったテレビＣＭで描かれるイメージとはかけ離れた実態もあることを知っておく必要があります。

実際に新築企画物件の投資をするなら、ⒸかⒹのどちらかになりますが、この二つの物件を企画する会社を私は

Ⓒ狩猟民族型ビジネスモデルを採用する会社
Ⓓ農耕民族型ビジネスモデルを採用する会社

と分けて考えています。

Ⓒ狩猟民族型企画会社

狩猟民族といえばもちろん狩りのイメージです。企画物件を売ることのみによって利益を目指します。そのため、**物件の売却益を最大化する**ことがその会社の使命になります。

物件価格を高くすれば売却益は最大化できます。不勉強な投資家は利回りだけで物件価格の高い安いを判断する傾向があるため、彼らは利回りの根拠となる家賃を最大限高くし、間取りを改悪することで部屋数を増やして、見かけ上の利回りを良くします。

もちろん、次の企画物件も買ってもらおう、リピーターになってもらおうと適正な利益に留めて良心的な企画を提案する狩猟民族型の会社もたくさんありますが、狩猟民族型モデルにはトラップが多く仕掛けられている可能性があることを理解しておく必要があります。

Ⓓ農耕民族型企画会社

農耕民族とはいわば、田や畑、果樹園などの作物を大切に育てていくイメージです。

彼らの本業は賃貸物件の管理会社です。物件の企画販売もしますが、**物件の募集、管理を代行し、家賃の5％前後の報酬を継続して得る**のがおもな目的です。

この農耕民族型企画会社も、もちろん利益は追求しますが、販売時に少しだけ利益を増やしたとしても、そのさき物件を管理していくのはその会社自身です。将来トラブルになりかねない物件を敢えて作るよりも、想定されうる空室リスクを最小にするよう考えます。

たとえば、家賃設定は２巡目の入れ替え時に家賃を下げる必要がないように、新築プレミアに頼らず築浅物件の家賃を基準とします。また既存物件よりさらに使い勝手が良く選ばれる間取りを取り入れるようにしていますが、その分建築費は高くなります。

このように農耕民族型の企画会社の物件は、建築費が割高になることと家賃設定を保守的にすることによって利回りは地味になってしまうのですが、実際に運営してみると利回りが高いと思われていた狩猟民族型企画会社の物件より収支が良かったということが多々あります。

ただし、本業が物件管理のため、販売する企画物件の数はあまり多くないのが難点です。

■土地探しから始める新築物件

私自身、業者の企画物件も購入しますし、自分で土地を探して物件を建てることもあります。自分で土地を探して物件を建てるのは、一定レベル以上の知識と交渉力が必要になってきますが、経験がないからできないということではありません。私も素人から始めました。

自分で一から作りこむ過程は困難なことも多いのですが、竣工した際の達成感は格別のものがあります。詳しくは『儲かる新築アパート・マンションの作り方』（筑摩書房）に書きましたので、興味のある方はご一読願います。ここでは新築に取り組む際に必要になるメンバーを紹介しておきます。

①土地情報を提供してくれる不動産仲介会社
②情報提供された土地に建築プラン（概略間取り、ボリュームチェック等）を入れ込み、概算見積りを出せる建築士、または建築会社
③事業資金を提供してくれる金融機関
④家賃や需要動向に詳しい賃貸管理会社

最初からすべてのメンバーをそろえることは難しいでしょうから、最初は①と②のメンバーをつかんでチャレンジしてみましょう。これをすべてやってくれる自称コンサルタントもいますが、狩猟民族型企画会社の個人営業版である可能性もありますので、吟味が必要です。

■中古一棟物投資

新築一棟物があれば、当然中古の一棟物も流通することになります。不動産投資と言われて、最初に中古一棟物投資をイメージする人も多いでしょう。

建物の構造で分類すれば、①中古ＲＣマンション、②中古軽量鉄骨アパート、③中古木造アパートの三つになります。構造別にその特徴を確認していきましょう。

①中古ＲＣマンション

保守管理が適切になされていれば、築25年くらいまでは大規模修繕をしなくても運営は可能ですが、**そこを超えたあたりで大きな出費が発生する**ことを前提に考えましょう。

大雑把に言って、外壁塗装などは一戸当たり30万円～（20室なら６００万円～）、エレベーターがあり改修が必要な場合は６００万円＋階数×50万円（８階建てなら６００＋８×50＝１０００万円）程度はかかるでしょう。大規模修繕やエレベーター改修の費用を考慮せずに築30年前後のＲＣの物件に投資し、立ち行かなくなってしまったという話もよく耳にします。売主はこれからの修繕費を見越して、売り急いでいるのかもしれないので注意が必要です。

また、建物の償却年数が長いため、建物の**固定資産税が高額**になります。土地も含めて固定資産税は、家賃の一か月分はとられると思っておいてください。

中古ＲＣは見た目は良いのですが、経費部分が大きくなるため、**最終的に手取りがあまり残らない**ことがあります。ＲＣを選ぶ場合は、特に経費を詳細に検証することが大切です。

②中古軽量鉄骨アパート

大手ハウスメーカーで企画された軽量鉄骨アパートは、間取りが画一的で個性はありませんが、躯体が頑丈で、築30年を超えても構造的に問題が発生することは少ないでしょう（企画品でない場合は中古木造と同じと考えてください）。

大規模修繕としては**外壁塗装が必要**ですが、基本２階建てで足場代は高くないので１棟２０

0万円前後で可能です。そのため、修繕という後ろ向きの出費（その物件の価値を維持するために必要になる費用）を限定的に抑えることができます。購入後はむしろ、商品力、魅力を上げるための前向きな出費（投資）を心がけて積極的に事業運営をしていきましょう。

③中古木造アパート

地元の工務店さんから全国ネットのテレビCMで知られる会社の手掛けた物件までさまざまあり、建物のレベルは玉石混交です。最近、知名度のある会社のもので隣室との界壁に問題がある物件が見つかっていますので、実際に目で見て「この建物は大丈夫なのか」と確認する必要があります。

建築のプロでなければ難しい点もありますが、まずは間取りをみて、窓と壁の大きさのバランスから耐震性を確認します。次に現地に出向いて、建物の傾きがないか、ベランダが下がっていないか（下がっていたら水の浸食やシロアリ被害の怖れあり）、壁を触って手に白い粉がつかないか（チョーキングと言って塗装が必要）などを確認します。

木造はRCに比べて防音性が劣り、その分家賃設定は低くなります。最近では、隣室との境に収納を配置するといった間取りの工夫や、耐火遮音構造を採用するなどの対策がとられたりします。

また、これはすべての構造で同じですが、売主が宅建事業者の場合は最低2年間の瑕疵担保責任があります。しかし、一般の売主さんの場合、瑕疵担保責任は免責されるのが普通です。業者以外から買う場合は、何か問題があっても投資のリスクとして負担する必要があります。

■新築・中古戸建投資

賃貸は仕方ないけれど集合住宅よりも一戸建てに住みたいという人もいるので、そうした層に向けた戸建投資もあります。建築費が高く収支を合わせるのが難しい点から、供給が少ない投資分野となっています。

最近は60㎡程度の木造戸建賃貸を一棟ではなく横並びに複数棟建てる条件で建築費を抑えてくれる建築業者さんも出てきています。土地の形状、道路付けの状況がプランに合致すれば、新築戸建であっても収支が合ってくる場合もあります。

また、一般的には解体され更地として流通させるような築古戸建を土地値で購入し、貸家として再生する方法もあります。

ニッチな賃貸需要を狙った投資ですが、供給が少なく、また一定期間所有したあとには投資物件としてではなく自宅として中古住宅を探している実需向けに売却することもできますので、やり方によっては妙味のある投資になる可能性があります。

ただし築古戸建については、リフォームの方法はもとより耐震性能などの人命に関わる問題についても解決できるだけの高いスキルが必要になります。

■立地とそれぞれのニーズ

以上のどの手法を選ぶにしろ、まず見るべきは立地とそのニーズ、そして将来性です。立地のニーズに合った賃貸物件でなければ賃貸経営は成り立ちません。

立地は**大都市圏、中核都市、中核都市周辺**の三つに分けて考えるとわかりやすいでしょう。また、立地によってニーズが高くなる間取りや構造があります。その地域に「どのような人、所得層」が住んでいるのかによってニーズが変わってくるからです。

①大都市圏の所得層とそのニーズ

東京、名古屋、大阪、福岡、札幌など、日本を代表する都市とその周辺での投資です。この地域での中古集合住宅は、その手堅い需要を背景に、想定される家賃設定に対して**物件価格が高くなる**（つまり**利回りは低くなる**）傾向があります。また、自宅用戸建て用地としてのニーズも強いため、土地の実勢価格から考えても物件価格は高くなる傾向があります。

大都市圏には、月数百万円の家賃を平然と払える上位１％の富裕層も、年収１０００万円前後の大手企業社員も、年収３００万円に満たない派遣労働者も、社会保障で生活する人もいます。そう考えると、大都市圏ではどんなバリエーションの賃貸でもニーズは存在していますので、この家賃でこの間取りでなければ成り立たないということはないでしょう。

ただし、その需要はニッチな場合が多く、投資家がそのニッチ市場に殺到してしまうとブルーオーシャン（競争のない分野）が一気にレッドオーシャン（競争の激しい分野）に変わってしまうこともあります。また、ニッチなブルーオーシャンを見つけて、囃し立てて売り逃げしてしまう新築企画会社も存在します。

②中核都市の所得層とそのニーズ

大都市圏に含まれる地域以外の政令指定都市と、その広域地域の中核になっている都市を指します。この中核都市は、国土交通省の進めるコンパクトシティ形成の政策と結び付けて考える必要があります。端的に言えば、日本の人口減少・高齢化は避けられないため、行政サービスや医療、福祉の効率化を考えて中核都市に集まって住みましょう、ということです。

政策の良し悪しは別として、不動産投資は長期にわたって賃貸事業を展開するものなので、国の施策に準じた投資をしなければなりません。地方での投資を考えるのなら、これから切り捨てられる地域ではなく、集約され生き残る中核都市を中心に考える必要があります。

中核都市には、年収５００万〜１０００万円前後の大手企業の転勤社員用の社宅としての需要や、地元企業でも住居手当が手厚い層を中心に、家賃は高くても良い住環境に住みたいニーズが存在します。そのため、エレベーター付きのファミリータイプＲＣマンションや、利便性の良い立地の単身向けワンルームであれば、大都市圏に近い家賃が取れる場合があります。

しかし、そうした層は数が限られているため、供給が増えると条件の良い物件だけが選択され、残りはローカルの一般所得層が借りられる家賃まで大きく値下がりします。私の地元静岡市でも、このような変化を身をもって経験しています。家賃下落を前提にしていればなんとかなりますが、楽観論で収支計画を立てた人は今、大変な状況になっています。

こうしたニッチなニーズを狙った物件がその地域で**供給過剰になっているかどうか**は、1～3月竣工の新築物件で4月までに満室にならなかった在庫をチェックすることで簡単にわかります。5～7月に賃貸物件の検索サイトで新築を選択条件として検索をかければ、戸数がどのくらいで間取りや家賃設定がどのあたりのものが「売れ残っているのか」が把握できます。

③中核都市周辺の所得層とそのニーズ

中核都市のベッドタウンとなっている地域は、中核都市周辺として戸建て住居を中心に可能性が高い地域です。典型的な車社会なので、駅に近いことが大きなメリットにはなりません。地域によってはその成り立ちにより駅と中心地が離れている場合もあり、都市部の常識である**駅近が良いと単純に考えることは危険**です。

こうした地域は一般会社員の年収レベルの層が多いのですが、住まいの需要は賃貸マンション、アパートよりも持ち家のニーズがより高く、社宅や家賃補助によって高めの賃貸に住む層は少ない地域です。つまり、所得が上がれば戸建てを購入したいと思いながら賃貸に住んでいる層が中心であるため、家賃には敏感に反応し、コストパフォーマンスの高い物件がニーズの中心になります。

■立地と投資手法、物件種別のまとめ

最後に、この章でとりあげた不動産投資の手法と立地、ニーズについてまとめてみましょう（表⑨）。

本文ではこの表に出てくるものすべてについて詳細にコメントしてはいませんが、ニーズ、将来の動向、家賃相場、大規模修繕コストなどを勘案して3段階で評価してみました。

不動産投資を考える上での参考にしてください。

⑨不動産投資の手法と立地、ニーズと投資適性のまとめ

投資物件＼立地とニーズ		大都市圏		中核都市		中核都市周辺	
		賃貸需要	投資適性	賃貸需要	投資適性	賃貸需要	投資適性
区分投資	新築マンション	○	×	△	×	△	×
	築浅マンション	○	○	△	△	×	×
	築古マンション	○	○	×	×	×	×
一棟投資	新築マンション	○	○	△	△	△	×
	新築アパート	○	○	○	○	○	△
	中古マンション	○	○	○	○	△	△
	築古マンション	○	△	○	×	△	×
	中古鉄骨アパート	○	○	○	○	○	△
	木造アパート	△	○	△	△	×	×

株式投資コラム

子供のころお金について考えていたこと

父親は公務員で、我が家は裕福でも貧しくもない、普通の家庭でした。お金に関する一家言も特にありません。

しかし、私はなぜか「お金大好き」の少年に育ちました。その最大の理由は、毎月の決まったお小遣いをもらっていなかったことだと思います。欲しいものを手に入れるには、誕生日かクリスマスにお願いするか、お年玉をやりくりするしかありません。このお年玉のやりくりが、私にお金の計算をする習慣を身に着けさせました。

実家には、1年間のお年玉の残高を計算する「筆算」が壁のいたるところに書かれています。また、欲しいものをできるだけ安く買うために、毎朝新聞の折込チラシを見て、どのお店がいつ安いのかをチェックしていました。特に、ゲームや家電を見るために家電量販店のチラシを見るのが日課でした。

そんなことを繰り返す子供時代だったので、いつの間にか友達の間でもお金好きがキャラになり、小銭の音がすると飛んでいく、テレビアニメ『忍たま乱太郎』の「きり丸」のような状態でした。

大人になってもあまり変わりません。テレビで新商品が取り上げられていると、妻と「この機能が付いているなら安い」「このブランドを好きな人はいるだろうけど、そうでない私にとっては高すぎる」と言った話を延々としています。妻はそこで切り上げようとしますが、私はこの手の話になると止まりません。

どれだけお金好きなんだと思われるかもしれませんが、本当はお金そのものよりも、お金の裏にある人生を見るのが大好きなのです。都心のタワーマンションに住み高級車に乗る人生もありですが、他のことはそっちのけで趣味のコレクションに何百万円も費やす人もいます。特に後者のような人の話を聞くのは面白く、世界の奥深さを感じさせられます。

お金の使い方は、株式の銘柄の選び方にも似たようなところがあります。ゴリゴリの成長企業が好きな人もいれば、地味だけどキラリと光る企業が好きな人もいます。どちらが正解ということではなく、その人がどこに価値を置いているかがよく現れるところです。

他人が何に価値を置いているかを考えることは面白いですが、これが自分の事となると話は違ってきます。特に、家計を共にする家族となると、時に衝突の要因になるのです。

引っ越しをして間もなく、妻がトイレ掃除のブラシを買ってきました。金額は３０００円です。当時は起業のためにお金を貯めていた時期であり、ブラシなんてそのへんのスーパーに売っている５００円程度のもので良いと考えている私はつい腹を立ててしまいました（なんと器の小さいことでしょう）。

あとから聞くと、そのブラシはダストボックスを兼ねているということ。そこまで割高ではないことが理解でき、私は溜飲を下げました。芸能人の

離婚原因に「価値観の相違」とありますが、そんなものはこんな些細なところにいくらでもあり、いちいち気にしていたらきりがありません。

（栫井駿介）

不動産投資コラム

お金について親から学んだこと、子供に伝えること

お金を意識し始めたのは小学4年くらいだったと思います。親戚が多かったので正月にはお年玉が集まり、合計でいくらになったかを数えていました。

あまり無駄遣いするほうではなく、中学生のときに数万円でしたが一度だけ母にお金を貸してあげたことがあります。もちろん数日で返ってきましたが、家は町工場をやっていましたので、お金が回らないことがあったのかもしれません。

母は毎月の生活費を、食費、光熱費など封筒に分けて、いくら使ったか鉛筆で書きこんでいました。そんな姿を見て育ったので、母からは必要なお金とそうでないお金については分けて考えることを教わったように思います。

この習慣は不動産投資にも役に立っています。例えば投資を始めたときに金融機関に不動産投資用の専用口座を作ったのですが、投資を始めて10年くらいはその口座からは借入金返済と不動産関係の経費以外は一切出さないようにしていました。自分では当たり前のことと思っていたのですが、融資審査の際には大きなプラスになると言われたことがあります。小さな積み重ねが信頼につながることもあるようです。

我が家でちょっと変わっているかなと思うのは、生活費すべての請求が毎月エクセルファイルで送られてくることでしょう。

ダブルインカムが一般的な最近の考え方とは違うのかもしれませんが、私の世代は家族を男が養うのが当たり前だと思っていますので、生活費は私の負担です。

大変なこともありましたが、出ていくお金の管理と稼ぐことを分離すると収入が増えた分を使ってしまうことがないので、家計全体から考えれば合理的だと思えます。

家族全体で投資のことを話し合い、理解してもらうことが理想だと思いますが、人には得手不得手、

好き嫌いもあるでしょう。私は投資が好きですが、家族に強制するわけにもいきませんね。生活については責任を持つので、投資についてはすべて好きにやらせてもらっています。

娘が二人いるのですが、特別お金について話したことはありません。幸いなことに無駄遣いする癖はついていないので、本人たちがその気になったら私の体得してきたことを伝えたいと思っています。

小規模ながらも不動産で資産が築けてきたので、次の代に残してあげたいとも考えています。そのためには誰でもオペレーションができる物件を数棟確保しつつ、十数年で無借金経営に移行することが私のこれからの目標です。

（沢孝史）

第２章　まとめ

株式投資を始めるなら……

指標の意味をよく理解し、情報をあつめたうえで、自分で考えて自分で判断することが大事。

株価の動きや「特別な情報」にふりまわされすぎないように。

不動産投資を始めるなら……

手元資金や金融機関からの借入はどのくらい可能か、どの地域のどんな物件を選ぶか、どれだけ管理の手間をかけるか、どのくらいの利益率を求めるか、などを押さえよう。

第3章　投資のリスクを見きわめる

株式投資は、「リスクを取ってこそリターンがある」ことを理解した上で、業績の良い体力のある企業の株を買い、株価の動きに左右されずに長期保有をするのが王道です。

不動産投資は、基本的には大きな金額を金融機関から借り入れて行います。月々の収入と借入金の返済額のバランス、売却時の価格についても目配りが必要です。

【株式投資】リスクとリターンの関係を理解する

■株式投資は怖いものなのか

株式投資と言うと、リスクがあり怖いものだという見方も少なくありません。投資で大儲けした人がある日突然財産を失って行方をくらました、といった噂が尽きることはありません。特に、1990年代前半のバブル崩壊や2008年のリーマン・ショックでは、相場の下落とともに多くの投資家が表舞台から姿を消しました。

投資にリスクがあることは疑いようがありません。誰も元本を保証してくれるわけではありませんし、毎日おこる株価の変動によって資産の時価は常に変化します。元本を保証しつつ高い利回りが得られると謳う商品は99%詐欺といって差し支えないでしょう。

逆の見方をすると、損失のリスクを受け入れるからこそ、その報酬として利益を享受することができるのです。ハイリスク・ハイリターン、ローリスク・ローリターンという言葉があるように、リスクとリターンは常に裏表となっていることを認識しなければなりません。

一方で、最も安全な資産の代表格である銀行預金にお金を入れていたとしても、最近の低金利環境下ではほとんど増えることはありません。減る可能性もありませんが、普通のサラリーマンが預金だけで莫大な資産を築く可能性は限りなく低いと言えるでしょう。

リスクとリターンの関係は、移動手段に例えるとよく分かります。

自動車に乗ると事故のリスクを伴いますが、速く移動することができます。もしも、事故を恐れて徒歩だけで移動しようとすると、途方もない時間がかかり、なかなか目的地につくことはできません。資産運用では、リスクを取って資産を増やすことは自動車に乗ることであり、事故を恐れて預金だけで済ませてしまおうとするのは歩いて行くようなものと言えます。

事故を未然に防ぎ、安全に自動車に乗りたいと思うなら、まずは教習所で必要な知識や技術を身につけ、運転する際には安全運転を心がけなければなりません。もちろん、もらい事故などに遭う可能性はゼロにはなりませんが、歩いていくよりはずっと効率的です。東京から箱根まで歩いていこうとする人は、現代ではほぼいないでしょう。

資産運用においては、**リスクとリターンの関係を知り、その扱い方を身につける**ことが免許取得、すなわち金融リテラシーの獲得と言えるのです。

金融リテラシーを身につけているかどうかで、同じ損失を出したとしても全く意味合いが異なります。

リスクとリターンの関係を理解している人は、損失を出しても大きく動じることはありません。どれだけ注意を払っていても、相場の状況次第では損失を被ることはありますから、自動車保険に入るように損失の抑え方や対処法を心得ています。

しかし、ただ目的地に早く着くためにアクセルを踏み込んでいる人は、深刻な事故を起こしかねないばかりか、保険にも入っていません。このような投資を行っている人は、最初は運良く事故を起こさなかったとしても、遅かれ早かれ致命的な事故を起こし、二度と投資の世界に戻ってこられなくなってしまうのです。

私はハイリスク・ハイリターンの投資を否定するわけではありません。しかし何より重要なのは、それがハイリスク・ハイリスクであることを認識し、いざという時の手を打っていることです。同じリスクの取り方でも、わかっているのとわかっていないのとでは雲泥の差があるのです。

■含み損は売るまで損ではない

株式投資における損失とは、具体的にどういうことでしょうか。

購入した株式の価格が値下がりすると、証券口座にはマイナスが記されます。しかし、それだけで損をしたと考えるのは早計です。株価は短期的にはランダムに動くものであり、どれだけ経験を積んだ投資家でも一時的なマイナスは避けることはできません。**買った瞬間から時価がはっきりわかってしまう**点は、不動産投資と大きく異なる点です。

保有している株式が購入時より値下がりすることを「**含み損**」と言います。含み損が大きくなると、気持ちが落ち込んでしまうかもしれません。しかし、含み損は現在の株価で計算された「参考値」にすぎず、**実際に売却するまで損失は確定しない**のです。売却するまで損失が確定しないのは、不動産投資と何ら変わりません。

株価は常に動いています。下がることがあれば上がることもあるわけですから、上がった時に売却すれば損失になることはありません。「専門家」の中には一定の含み損で売却（「損切り」）を推奨する人もいますが、私はその考えには賛同できません。**損切りを繰り返すと、資産はどんどん目減りし、損失が拡大**してしまいます。

投資は利益を出すために行っているわけですから、わざわざ下がった時に売って、損失を出してしまうのは本末転倒です。多少時間がかかっても、利益が出るまで待つのが正統派の姿勢と言えます。「参考値」にすぎない価格の変動に一喜一憂するのは本当の投資とは言えません。

一方で、損失を確定しなければならない場面にも、ときには直面します。例えば、企業が倒産してしまった時です。上場企業が倒産すると、株式の価値はゼロになってしまいますから、いくら含み損が膨らんでいようとゼロになる前に一刻も早く損切りしてしまわなければなりません。

また、倒産まではいかなくとも、企業の業績が悪化の一途をたどり、もう昔の状態には戻ってこないということになれば株価も上がる可能性は低いでしょう。上がる可能性のない株を持ち続ける理由はありませんから、潔い損切りが求められます。

したがって、株を買おうと思ったら、業績や財務状況が良好で、多少株価がマイナスになったとしても損切りする必要のない企業を選ばなければなりません。右肩下がりの企業に投資することは、一時的に株価が上がったとしてもうまくいく可能性は低いでしょう。

業績や財務状況が良好な会社は、単に企業の名前で選べばいいというわけではありません。記憶に新しいところでは、日本航空が倒産し、株式は紙くずになってしまいました。どんな有名な企業でも、業績が悪化すれば倒産してしまうのです。

もちろん、どんなに業績や財務状況が良好な会社であっても、株価は下がることがあります。株式市場はそれほど気まぐれです。しかし、いい会社なら慌てて売る必要はなく、逆に株価が上がって利益が出るまで待っていれば損失になることはありません。そのような意味で、銘柄選択はとても重要なのです。

株価は長期的に見れば企業の業績を反映します。業績がいい企業なら、株価もやがてついてくるため、売却する必要はありません。このように、じっくりと待ち続ける姿勢が、損失の可能性を減らすことに繋がるのです。

■信用取引は悲劇のエピソードを生む仕組み

業績や財務状況のしっかりした企業の株を買い、多少の株価変動で損切りをしなければ損失を被る可能性を下げることができます。しかし、その流れを妨げるのが信用取引です。

信用取引とは、投資家が証券会社からお金を借りることで自己資金の約3倍までの金額の株式を取引できる制度のことです。自己資金が少なくても取引できることや、「買い」だけではなく「売り（空売り）」から取引することができるメリットがあります。

自己資金よりも大きな取引をすることで、利益が出た時は自己資金だけで取引をする時よりも多くの利益を上げることができます。例えば、自己資金の2倍の取引をしていれば、利益も約2倍になります。ただし、利益と同じように、損失も2倍になるリスクの高い取引です。

利益と損失の振れ幅が大きくなるほど、**ギャンブル性が高まります**。少し株価が上昇すれば大きく儲かりますから、たまたまうまくいくことが続けばやがて快感となりそこから抜け出せなくなってしまいます。株価は短期的には企業の本質にかかわらず動きますから、次第に値動きだけに着目しがちになります。こうなると、単なるギャンブルと変わりありません。**ギャンブルには中毒性があります**。そして**うまくいくかどうかは運次第**です。一時はうまくいったとしても、やがて損が続くこともあります。それでも、一度吸った甘い汁の味が忘れられず、損が出ても資金が底をつくまでやめられない人も少なくありません。

もちろん、信用取引と言っても背景にあるのは通常の株式と同じですから、細かい売買は行わずに、利益が出るまで待っていれば良いと考えることもできます。しかし、それは甘い考えです。

どれだけ自分が選んだ企業が正しかったとしても、リーマン・ショックのように相場全体が値下がりする局面ではあらゆる企業の株が下落します。信用取引で含み損が拡大すると、やがて担保が足りなくなってしまい、**追加の証拠金（追証《おいしょう》）の拠出を求められる**ことがあります。

追証を求められると、追加で資金を投入するか、取引を終了させて損失を確定させなければなりません。取引を終了させればそれ以上の損失にはなりませんが、諦めきれずに生活費に手を付けたり、借金をする人も後を絶ちません。こうして、現物取引では起きるはずのない「一文無し」や「借金生活」のエピソードが生まれてしまうのです。

信用取引は、インターネット取引だと数回のクリックで簡単にお金を借りられてしまうという点で、最も簡単にお金を借りられる手段の一つだと言えます。しかし、それがいかに危険な行為であるかということは、あらかじめ認識しておく必要があるでしょう。

よほど株式の取引に自信があるか、万が一株価が下がった場合にも追証が発生しないような低い倍率での取引なら許容できますが、運良く利益が出てくるとどんどん危険な領域に足を踏み入れてしまうものです。信用取引自体は否定しませんが、利用するには強い自制心とリスクを取っている自覚が必要でしょう。

■インデックス投資：年平均6〜7％のリターンを確保する方法

株式投資につきものであるリスクを抑えるにはどうしたらよいのでしょうか。

確かに株式投資は一時的には損失を被ってしまうリスクがありますが、**長い目で見れば世界の株式市場は右肩上がり**であり、年平均にならすと6〜7％程度の上昇が見込めるものです。

これは、世界経済の成長が背景にあります。つまり、長く持つほどプラスのリターンを得られる確率は高まるものなのです。

ただし、個別の企業を見ると必ずしも業績を伸ばし続けられる会社ばかりではありません。特に日本企業に関しては、日本経済自体が人口減少に伴い縮小していくことが想定されるため、全ての企業が成長し続けることは難しいでしょう。長期投資と言っても、闇雲に個別の株式を持っていればいいというわけではないのです。

いい企業「だけ」に投資すればいいのですが、そのためには選球眼が求められます。投資の「プロ」であるはずの投資信託のファンドマネージャーも、市場平均すら上回ることは難しいとされています。

それなら、いっそ「平均」を取ればいいと考えるのが**インデックス型投資信託**です。インデックス型投資信託とは、世界中の株式を組み込んだファンドを小口に分けることで一般の投資家でも買えるようにしたものです。

長く持っていれば、年間６～７％のリターンが見込めますから、悪い投資ではないでしょう。もちろん、一時的には株価は変動しますが、やがて上昇する可能性を考えると、難しいことは考えずに持ち続ければ良いということになります。

インデックス型投資信託を買うことで、日本株だけでなく世界中の株式を購入することができます。こうすることで、先行きが不透明な日本経済から独立し、成長著しい新興国も含めた世界経済に投資することが可能になるのです。

ただし、同じインデックス投資でも、相対的に株価が高い時に投資してしまっては利益を出すのが難しくなります。ニュースでよく耳にする日経平均株価もインデックスの一つですが、バブル期には3万円の値が付いていました。今の数値が2万円そこそこですから、バブル期の投資は30年経った今でも利益を生んでいないことになります。

相場の先行きが予測できればそんなことにはなりませんが、現実は容易ではありません。そこでインデックス投資による銘柄分散とあわせて活躍するのが「時間分散」、すなわち積立投資です。

インデックス型投資信託を毎月一定額購入し続けることにより、相対的に株価が安い時に多くの数量（口数）を購入できます。その結果、購入単価が低く抑えられ、高値で購入するリスクを低減することができるのです。この仕組みは「**ドルコスト平均法**」とも呼ばれ、より確実に成果を出すために有効とされる手法です。

積立投資は時間がかかりますが、社会的な優遇制度も整っています。例えば、**個人型確定拠出年金**（**iDeCo**）では、毎月の拠出金を所得から全額控除することができ、拠出額に対し平均20〜30％程度は年末調整で税金が還付されます。厚生年金に入っている人なら毎月2万3０００円まで拠出することができ、上限まで拠出して20％の還付なら5万5０００円ほどが年末に返ってくる計算です。もちろん、拠出した27万6０００円は運用して将来受け取ることができます。

60歳になるまで引き出すことはできませんが、老後の資金の準備という意味ではこれ以上ないものだと言えます。株式投資の入門として、現役世代には今すぐにでも始めてほしい仕組みです。

■暴落が怖いなら、暴落してから投資すればいい

投資で恐ろしいのは、リーマン・ショックのように株価が大暴落してしまうことです。このような時には大半の銘柄が大きく下落してしまうため、どれだけ分散投資していたとしても含み損は避けられません。

もちろん、売らなければ損失にはなりませんから上がるまで待っていればいいのですが、あまり心地の良いものではないことは確かです。いつか来る暴落を危惧して投資していたのでは、気が気ではありません。

ここで発想の転換が必要です。

すなわち、暴落が怖いのなら、逆に**暴落するまで待っていればいい**のです。株式市場は長期的には右肩上がりの曲線を描きますが、短中期的にはアップダウンを繰り返します。大きく下がったあとは、長い目で見ればむしろ大きく上がる可能性が高まっていると言えるのです。

暴落してから投資すれば、それ以上に下がる可能性を抑えられるだけではなく、反対に企業

業績や相場環境が回復する局面では、平均以上に大きく資産を増やすことが可能になるのです。実際に、今大きく資産を増やした人の大多数は、リーマン・ショック後に大きく投資した人たちです（表⑩）。

ただし、この方法は周囲が悲観に包まれている時に投資しなければならず、精神的な困難を伴います。理屈はわかっていても、相当な勇気が必要な行動です。

しかし、普通に物を買う時のことを考えてみましょう。同じ物を買うなら、何もない時に買うより**バーゲンセールで買う**ほうが「お得」なことは間違いありません。それなのに、株式市場では価格が安くなった局面では誰も買おうとしないという不思議な現象が起こります。そんなときこそ、リスクを避け、高いリターンを生む絶好のチャンスなのです。

相場にはこのような格言があります。

「人の行く裏に道あり花の山」

リスクを下げ、大きなリターンを得ようと思うなら、周囲の流れに逆らい、大きく下がった局面でまとめて投資することが必要です。その勇気が持てないのなら、インデックス型投資信託への積立投資を行って、平均的なリターンを得るのが良いでしょう。

■「自分で考えないこと」が最大のリスク

投資とは、そもそも不確実なものを相手にすることです。したがって、確実と呼べることは

⑩リーマン・ショックから2018年10月までの日経平均（出典：株探）

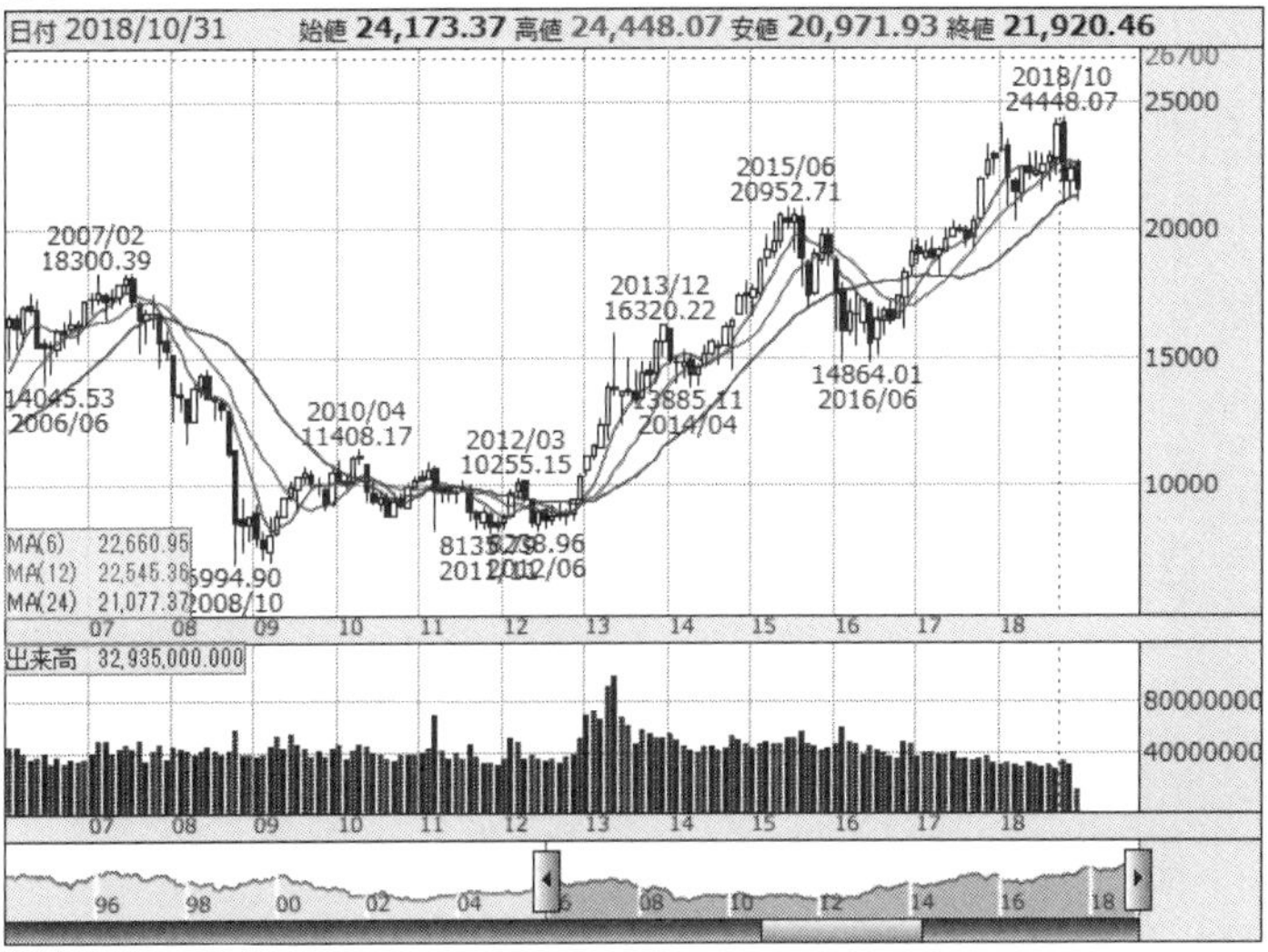

ほとんどないに等しく、「これをすれば間違いない」「これをやってはいけない」という教科書は存在しません。成功した投資家でも、一般的なセオリーを破ったからこそ成功した人も少なくないのです。

そんな中で、唯一「確実に」**やってはいけない**ことを挙げるとすれば、**自分が理解できないものに投資する**ことです。

大多数の投資家が失敗するのは、自分でろくに考えもせずに、「誰々がいいと言ったから投資した」というケースです。しかし、本当に儲かる話があったとして、わざわざ他人が教えてくれるでしょうか。特に、その商品を勧める銀行や証券会社の目的はあくまで手数料を稼ぐことであり、彼らの言うことには注意する必要があります。

もちろん、中には心から親切心でいいと

思ったものを勧めてくる人もいるでしょう。その人の言う通りにすればうまくいくこともあるかもしれません。

一方で、リスクとリターンは常に裏表の関係にあります。どれだけ考え抜いたところで、うまくいくこともあれば、失敗することだってあるのです。

問題なのは、うまくいかなかったときの対処法です。自分で分かっていれば早めに逃げることで損失の拡大を抑えることができます。しかし、他人の言うことを鵜呑みにしていたら、どうしたら良いかわからずにズルズルと損失を拡大させてしまうのです。

そればかりか、悪質な販売会社の中には、その損失を再び投資で取り戻そうと説得し、次の商品を売りつけてくる場合すらあります。こうして投資家は思考力を奪われ、販売会社にとっての「カモ」になってしまうことも少なくないのです。

しかし、私は一概に販売会社を責めるわけではありません。彼らの目的は、金融商品を販売して手数料を得ることですから、投資家をその気にさせて売ることで生き残りを画策しています。このような話は、世の中にごまんとあるでしょう。

本当に危惧すべきは、投資家自身に考える気がないことです。自分の資産のことですから、自分以上に真剣に考えてくれる人はいません。最終的には自分で考えて行動しなければうまくいくことは決してないのです。少しずつであっても、正しい考え方を身に着けていくことが、投資で成功する唯一の王道と言えます。

世界最高の投資家、ウォーレン・バフェットも以下のように言っています。

「リスクとは、自分が何をやっているかよくわからないときに起こるものです」

【不動産投資】レバレッジの影響を見きわめる

■不動産投資のリスクとは

投資にはリスクとリターンがつきものですが、投資信託協会のホームページによりますと、**リスクとは「結果が不確実であること」**で、具体的には収益の振れ幅のことであり、リターンとは「投資を行うことで得られる収益のこと」だそうです。

これを不動産投資に当てはめると、リスクの「結果が不確実であること」は、家賃や入居率がわからず、また経費がどのくらい必要になるかも確定できないため収益に振れ幅があること、さらに投資した物件の将来価値がわからないため売却した場合にも収益に振れ幅があること、ということになります。

つまり、不動産投資の基本的なリスクは次の2つに収斂されます。

①所有している間の月々の収益（収入から支出を差引いた金額）が確定せず、振れ幅がある

②物件の将来価格がわからないため、売却時の損益は推定するしかない

後者は少しわかりづらいと思いますので、投資信託（株式投資などの間接投資の集まったもの）と現物である不動産投資との対比からイメージをつかんでみましょう。

■毎月分配型投資信託と不動産投資

不動産投資を投資信託に当てはめるとすれば、毎月分配型投資信託でしょうか。

毎月分配型の投資信託とは、１か月ごとに決算を行い、収益等の一部を収益分配金（分配金）として毎月分配する運用方針になっているものです（日本証券業協会ＨＰより）。

たとえば、毎月分配型の投資信託に１０００万円投資するとします。毎月１０００万円に対して５万円以上の収益が上がり、月５万円が配当され年間で60万円の分配が受けられます。

これを不動産に当てはめると、１０００万円の物件を購入して経費をすべて引いたあとに毎月５万円の家賃をもらうのと似ています。どちらもその通りであれば良い投資でしょう。

分配型投信では、収益が上がり、その収益の中から月５万円ずつ分配されることを「普通分配」といいます。一方、毎月分配型は月々一定額が支払われることを期待して投資している人が多いため、実際には収益が上がっていないのに分配される場合もあります。これを「特別分配」と言います。

特別分配というと、なんとなく得したように聞こえますが、収益が上がっていないのに分配するということは、そのお金は**元本の払戻金**であり、収益ではありません。そのため、同じ5万円の分配でも、普通分配は配当金になるので20％源泉徴収されて手取りは4万円となりますが、特別分配は源泉が引かれないので5万円そのままが支払われます。

源泉税が取られず得をしたような気分になるかもしれませんが、実はただ単に投資した資金を取り崩しているだけで儲かってはいないのです。特別分配の意味を理解していれば、実際には儲かっていないことがはっきりわかりますね。

投資信託では基準価格がいつでも確認できますので、損益はリアルタイムで知ることができる、つまり自分の投資の損益は常に確認することができます。

■損失が出ているのに気づかない（物件価格と損益）

では、不動産投資ではどうでしょうか。

投資額1000万円でいろいろな経費を差し引いても毎月5万円の家賃が入ってくるし、物件はいつでも見に行けて確認できるから、間違いなくこの5万円は不動産投資が生み出した収益だと思ってしまうかもしれません。確かに月々の収益だけを考えれば、不動産投資の収益ととらえても良いのかもしれません。

でも、それには前提条件があります。それは「投資した不動産の価格が、今も来年も10年先も1000万円より下がらない」ことです。もし将来、不動産価格が1000万円よりも高くなれば毎月の家賃に加えて物件価格が上昇した分も収益に加算されます。この場合は大成功と言えます。

しかし、毎月5万円、1年間60万円の家賃をもらっていても、その物件の価格が1年後、60万円下がってしまったらどうでしょう。受け取った家賃60万円は物件の価格下落60万円と相殺されてしまい、実は収益が出ていないことになります。

つまり、自分が出した1000万円のうち、60万円を家賃という形で自分が出し引き出したのと同じで、投資信託の特別分配と似たような形になります。投資信託では特別分配としっかり表示されているので一目でわかりますが、不動産投資では入ってきた家賃が投資信託で言う普通分配なのか、元本をとりくずした特別分配なのかまったくわかりません。

このように不動産投資の2つのリスクのうち、月々の収益は数字で確認できるのですが、将来の売却した場合の価格は推測するしかありません。そのため、**絶対的に確定している収益額というのは、不動産投資の構造上、売却するまで判明しない**のです。

この損益の状態がリアルタイムで把握できないこと、投資後の「収益の振れの実額を把握することが困難」であることは、不動産投資のリスクそのものではありません。しかし、本当に利益が出ているのかそれとも損失なのかを正確に知ることができないために、投資家の意思決定の根拠が曖昧になってしまうという点で、株式投資に比べて不利なのです。

それでも、家賃相場や入居率で家賃総額の予測は可能ですし、経費の部分も細かくシミュレーションすれば精度は上がってきます。将来価格についても最初から下落前提で「これ以上は下がらないと考える価格」で収益を考えれば、将来価格のリスクへの一定の備えはできます。ただし、家賃相場や入居率の見込みが甘かったり、将来の価格を楽観的にとらえたために、その想定そのものが崩れてしまった場合には痛手を被ることになります。

特に不動産投資は借入金を使った投資が一般的なため、そのダメージは人生設計を狂わせてしまうほど大きなリスクを内包しています。

■株式投資と不動産投資ではリスクの大きさが違う

繰り返しになりますが、リスクとは「結果が不確実であること」、具体的には収益の振れ幅のことを指します。株式と不動産では、その振れ幅＝リスクの大きさが異なります。では、不動産投資のリスク（振れ幅）は株式投資に比べて大きいのでしょうか、小さいのでしょうか。

私は次のように理解しています。

①不動産投資の月々の収益の振れ幅は株式投資より小さい
②物件の将来価格の振れ幅もあるが、下落前提で投資すればリスクは小さくなる
③しかし、投資手法によって、不動産投資家が被るインパクトは株式投資とは比較にならないくらい大きくなることがある

実際、３つ目がなければ不動産投資はとても良い投資であり、株式投資より勝っているのではないかと思います。

■収益振れ幅は株式投資より小さい

では、まず①月々の収益について考えていきましょう。

不動産に投資する際、対象物件の家賃相場や入居率を事前に調査すれば、20年、30年先のことは予測できなくても、10年程度先の予想は大きく外れることはないでしょう。

仮に現在の家賃が10万円だったとして、10年後には９万円に下がると予測したとします。この予想が大きく外れてさらに下落して８万円になることはあったとしても、５万円まで下落することはまずありえません。

どうしてそう言えるのでしょうか。それは家賃が下がった分、潜在的なニーズが掘り起こされ、家賃を支えるメカニズムが働くためです。そのメカニズムを表⑪にしてみました。

ファミリータイプを希望する入居者さんの需要で考えてみます。

本当の希望は家族のプライベート空間を確保できる３ＬＤＫですが、３ＬＤＫの相場家賃は10万円、その家賃を払える人はこの図では３家族だけでした。

空室が続いたため家賃を９万円に下げると、これまでは３ＬＤＫに住みたいけれど予算は９

⑪家賃が下落すると入居希望者が増える

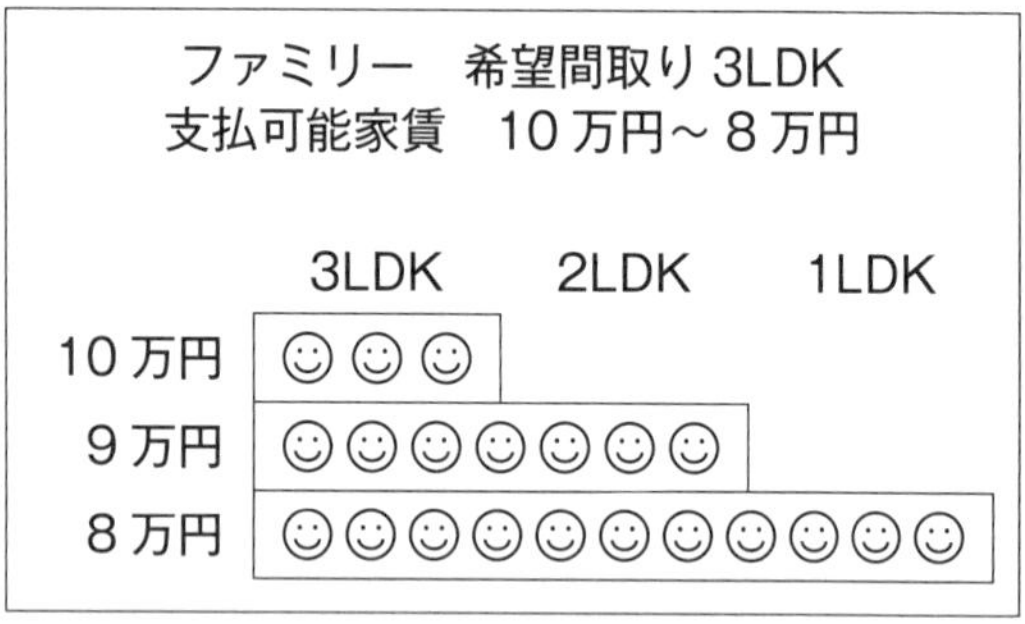

万円なので2LDKを選択しようと考えていた家族を含め、ファミリーの需要が7家族増えます。家賃をさらに8万円まで下げると、少し狭いけど1LDKで我慢しようと考えていた家族の需要まで取り込み、11家族増えるのです。

その分、2LDK、1LDKの需要を奪う形にはなりますが、家賃を下げると希望間取りと支払える家賃のギャップを埋める形になり、**家賃下落をゆるやかにするメカニズム**が働きます。

このように、不動産投資では家賃が短期間で半分になるようなことは、ゼロではないにしても少ないのです。

一方、株式投資で配当が半分になったり無配に転落することは珍しくないように思います。リスク＝収益の振れ幅と考えれば、不動産投資は株式投資に比べてリスクは少ないと考えられます。

次に②の将来価格について考えてみましょう。

一定の賃貸需要が長期的に存在している地域では、不動産投資の収益も長期にわたって見込めます。収益を確実に生んでくれるそうした物件であれば、もし家賃が10％下がったとしても物件価格が50％下がるということにはならないのです。

たとえば、築浅で状態の良い1億円の物件で年間800万円の収益を生んでくれるものがあるとします。10年後、賃貸環境の変化はなかったものの何等かの理由で収益が720万円に下がってしまったら、この物件の価格が半額になってしまうことがあるでしょうか。

1億円の半額は5000万円、それに対して年間720万円の収益を生んでくれるのであれば、単純計算でこの物件の利回りは14％以上になります。そうした場合、5000万円とは言わず7000万円なら購入したい、8000万円でも買います、という投資家は必ず現れるのです。

しかしながら、収益の振れ幅が小さく、流通価格の変化率が小さいからといって、実際の投資において不動産投資のリスクが小さいと考えるのは早計です。

リスクを収益の振れ幅と考えれば大きくないかもしれませんが、**マイナスに振れたときに不動産投資家が被るインパクトは株式投資とは比較にならないくらい大きくなる**ことがあります。

■損失インパクトの差を考える

株式投資では、購入した株が大きく下落するリスクや、大企業だからまさか倒産しないだろうと思っていても、日本航空のように経営破綻して、株式が紙くずになってしまう場合もあるでしょう。一方、不動産投資では通常、家賃が半額になることや、物件価格がゼロになることはありません。

リスクを収益の振れ幅と考えれば、確かに不動産投資のほうがリスクは少なく思えます。しかし、株式投資の場合は、自分の手持ち資金、信用取引であれば証券会社に預けてある証拠金で買える範囲内が最大の投資額となります。株価がゼロになった場合の損失額は、最大で自己資金や証拠金の額です。たしかに大きな痛手ですが、それで損失はすべて清算できます。

それに比べて不動産投資では、**損失額が自己資金に限定される保証はありません**。もちろん不動産投資でも、投資額をすべて自己資金で賄えば損失額を限定することはできますが、実際には投資総額が大きいため、不動産投資の大半は一部を自己資金、大部分を金融機関からの借入で賄います。

案件によっては購入諸費用のみ自己資金で物件価格自体は借入金で賄う場合（フルローン）や、諸費用までも借入金で賄う場合（オーバーローン）もあります。特に、第二次安倍政権発足から2017年まで、一部の金融機関が不動産投資に対して積極的になり、自己資金が少なくても不動産投資ができる環境が出現しました。

これをチャンスと捉え、以前より不動産投資を行っている人達からみれば「高すぎて収益が期待できない」価格で次々と物件を増やしていく新世代の不動産投資家群が発生しました。その成否は今後明らかになってくると思いますが、これは不動産投資の特徴であるレバレッジを極端な形で活用した事例であることは間違いないでしょう。

レバレッジとは平易に言えば「てこの原理」で、具体的には**自己資金に他人資本を合わせて**

⑫自己資金のみとレバレッジ10倍の投資を比較する

	Ⓐ	Ⓑ
レバレッジ	無し	10倍
物件価格	1000万円	1億円
自己資金	1000万円	1000万円
借入金	0	9000万円
正味家賃収入	50万円	500万円
初年度支払金利	0	90万円
金利差引収入	50万円	410万円
元金返済	0	300万円
最終手残り（税引前）	50万円	110万円

＊元金均等30年払／初年度金利は概算

投資を行うことです。他人資本を出資の形で受け入れるのをエクイティ、借入金で受け入れるのをデットといいますが、不動産投資では借入金（デット）の形で資金を調達します。

■レバレッジが大きいほどリスクも大きい

ここで押さえておくべき基本は、大きなレバレッジをかけた不動産投資ほどリスクが大きくなり、うまくいけば利益が膨らむものの、そうでなければ損失が増えるということです。具体的な数字で見ていきましょう。

たとえば、1000万円の物件を自己資金1000万円で購入した場合Ⓐと、1億円の物件を借入金9000万円と自己資金1000万円で購入した場合Ⓑを考えてみましょう。共に投資額に対する家賃収入は正味で5％、金利は2％とします。比較を表⑫にまとめました。

同じ自己資金1000万円でも、最終手残りはレバレッジを使ったⒷの場合が、使わないⒶの場合に比べて2倍以上に増えています。同じ1000万円を使った投資であればレバレッジを使った投資の効率が良いように思えます。また融資がとてもゆるくて、2億円の投資を1000万円の自己資金でできる場合Ⓒとの比較は表⑬になります。

更に手残りの差が広がり、Ⓐが50万円なのに対してⒸは187万円、その差は4倍近くなります。こうなると、地味に自己資金だけで投資するよりも、レバレッジをかけて、それもなるべく大きな倍率でやってみたくなりませんか。

しかし、これが当初見込んでいた家賃では入居者が埋まらず、家賃を10％下げたら（家賃収入が5％から4・5％へダウンする）収支はどうなるでしょう（表⑭）。

同じ10％の家賃下落でも、Ⓒでは最終手残りは187万円から87万円に急減します。一方、自己資金だけで投資している場合Ⓐは、手残り50万円が45万円に下がるだけで済みます。

総額2億円の投資で1・9億円の借入金を背負うものの、年間187万円を受け取るはずが87万円に激減してしまいました。この87万円の収益のためだとすると、1・9億円の借入金はあまりに大きいように思うかもしれません。

そこで1年後に、「あまり儲からないから売却してしまおう」と考えたとします。でも、ここで問題が発生します。

⑬レバレッジ20倍になると手残りは拡大する

	Ⓐ	Ⓒ
レバレッジ	無し	20倍
物件価格	1000万円	2億円
自己資金	1000万円	1000万円
借入金	0	1.9億円
正味家賃収入	50万円	1000万円
初年度支払金利	0	180万円
金利差引収入	50万円	820万円
元金返済	0	633万円
最終手残り（税引前）	50万円	187万円

＊元金均等30年払／初年度金利は概算

⑭ 1.9億円の借金を背負って手残りが年87万円!?

	Ⓐ	Ⓒ
レバレッジ	無し	20倍
物件価格	1000万円	2億円
自己資金	1000万円	1000万円
借入金	0	1.9億円
正味家賃収入	45万	900万円
初年度支払金利	0	180万円
金利差引金額	45万	720万円
元金返済	0	633万円
最終手残り（税引前）	45万円	87万円

＊元金均等30年払／初年度金利は概算

■物件価格を収益還元法で計算すると

収益物件の価格は得られる家賃によって評価が変わります。これを収益還元法と言います。

この2億円の物件は年間の正味家賃が1000万円ある場合、そのときの収益物件の利回り相場が5％であれば1000万円÷5％＝2億円が物件の価格として評価されます（この％を還元利回りといい、経済、とくに金融情勢で変動します）。

では、この物件の売却価格を考えてみましょう。

1年所有すれば築年数が1年増えたことになります。築10年と築20年では投資家の望む利回りは違ってきますが、10年間の差が最低2％だと想定すると1年あたり0・2％になります。

また、不動産投資向けの金利も上下します。2018年以降は上昇傾向にあるようなので上昇を0・3％とします。上昇分の大半は還元利回りに加算されるでしょうから、金利上昇に対する加算をここでは0・2％とします。

そうすると、売却時の還元利回りは5％＋0・2％＋0・2％＝5・4％になります。下がった家賃収入をこの還元利回り5・4％で計算すると、900万円÷5・4％＝1・66億円で、収益還元価格は1・66億円、3400万円の値下がりとなってしまうのです。

1年後の残債は1・83億円ですが、売却可能額は1・66億円ですので、売却しても1700万円は返済できずに負債として残ってしまいます。自己資金1000万円は当然回収できませんので、合計で2700万円の損失、ただし最終手残り87万円があるのでその分を差し引くとしても、結局2600万円以上の損失が確定します（売却手数料等は考慮していません）。

一方、自己資金のみの1000万円規模の投資では、同じように計算すると売却損は166万円ですが手残りが45万円あるので、損失は121万円になります。

レバレッジを使った投資では2600万円以上と自己資金を大きく上回る損失が発生するのに対して、借入れ無しの投資では121万円と少額の損失で済みます。

もちろん、もっと有利な条件、具体的にはさらに安価で正味利回りが高い投資であれば、物件の価格下落をカバーできる家賃収入を得られる可能性があり、多少の家賃下落など想定の範囲として許容できます。

しかし、購入条件が厳しいと（つまり割高で買った場合）、不動産投資の収益幅が小さくても、資金繰りにすぐ影響してしまい、その資金繰りができなければ売却するしかありません。そして、売却しようとしても価格が下がってしまっているために大きな損失を出すことがあるのです。

このように収益幅が小さくても収益見通しが甘く、さらに大きなレバレッジをかけると、結果として大きなマイナスのインパクトが発生するリスクを内包しているのです。

不動産
投資
コラム

不動産投資には春夏秋冬がある

不動産は株式に比べれば、相場によって大きく変化することはありません。

しかし、物件価格はその時期の経済情勢によって大きく影響を受けることも確かです。不動産は個々の相対取引のため、相場がそのまま物件価格に反映するわけではありませんが、総論的には大きな相場変動によって投資に適した時期と難しい時期が存在します。

これを四季に当てはめるとイメージしやすいでしょう。

農業であれば、春、種を埋めて夏に育て秋に収穫し冬は来春の種を残して頂きます。

不動産では、春に物件を購入し、夏に物件からの賃料収入で資産を増やし、秋に売却して投資の成果を確定し、冬はその成果を消費しつつ春が来るときに備え投資用の資産を残しておくことになります。四季は1年で巡りますが、不動産の四季は20年で一巡するくらいの感覚でしょう。

では、不動産の春、つまり投資を開始する季節はどんな時期でしょう。春と言えば暖かいイメージがありますが、実は不動産において春は世間では不動産投資は危険だと思われ、金融機関も冷めた目で融資も付きづらい時期なのです。

この時期に何らかの事情で売らなければならない物件があると、買おうとする人、購入できる人は限られます。見込まれる家賃収入に対してとても割安な価格で入手できますので、借入金を使って購入していてもローンを支払ったあとに一定のキャッシュフローが確保できるようになります。

そうして春に種まきした物件に少しずつ実がついてくるのが夏です。不動産投資に対してのマイナスのイメージが薄れ、少しずつ再評価されてきますので売れば残債よりも高く売れ、今まで積みあがってきたキャッシュフローについても利益として確定することができるでしょう。

しかし、保有しているだけで毎月着実にキャッシュフローが積み上がり、残高が減っている状況で、向こう数年程度保有すれば得られる利益程度で売却するのは早計です。売らなければならない理由がないかぎりホールドすべき時期です。

同時に、春に不動産を始めた投資家たちが順調に収益を上げているのをみて、投資を始めていない人達や金融機関が不動産投資を再評価し始める時期でもあります。

そして秋、不動産投資が再び脚光を浴びる時期がきました。直近であれば２０１３年の日銀黒田総裁による異次元緩和開始から２０１７年までが「収穫の秋」になります。

不動産向け融資が積極的になり、売買も活発に行われ、新規参入の不動産投資家が増えてきます。この時期、不動産流通市場が活性化しているので「春」だと勘違いする人も多いのですが、本当の春に始めた不動産投資家はこのタイミングで手持ち物件を売却し、収穫を終えています。

秋に必ず収穫しなければならないということでもありません。また秋が来る必要もありません。春に割安に入手した物件であれば環境の変化にも耐えられ大木のように何十年も果実を生んでくれるのです。

そして冬、杜撰な融資審査で割高な物件を購入した投資家の中には、家賃収入だけでは毎月の返済を払えない人が出てきます。当初は他の収入で補塡したり、預貯金を取り崩して対応することになりますが、それも限度があり、金融機関に相談することになるでしょう。

金融機関はリスケジュール（返済期間延長、返済猶予等）で当面の破綻をさける方策を取ります。

またこのような人が出てくると不動産投資に対する貸倒れリスクが増大することになりますので、融資姿勢も厳しくなってきます。

しかし、こうした不良債権が割安な価格で表に出てくるのはまだ数年先になります。そのため融資が冷え込んでも割安な物件はなかなか出てこない冬が数年続きますが、月日が経てば、割安な物件が出回る春がまた来るのです。


（沢孝史）

第3章 まとめ

株式投資を始めるなら……

含み損や暴落をむやみに恐れず、リスクを抑える方法を学ぼう。
他人の意見をうのみにせず、自分の頭で考えるようにしよう。

不動産投資を始めるなら……

借入金というレバレッジがどれだけのリスクとリターンをもたらすのか、物件を購入する前に長期シミュレーションをして確認しよう。いちど踏み出したら後戻りはなかなかむずかしい。

第4章 投資のリスクに立ち向かう

株式投資をしていて多くの人が悩むのは、株価の動きにふりまわされて心がふらつくことと、投資資金に余裕がないこと、このふたつかもしれません。

不動産投資では、物件の選択を間違えてしまうと、途中で撤退しなければならなくなります。セールストークをうのみにせず、10年20年先まで見通して決断しましょう。

【株式投資】株価の動きに一喜一憂しない

■株価は毎日変動する

株式投資を始めることは簡単ですが、いざ始めてみるとそんなに楽なことばかりではありません。投資をする過程で様々な悩みや葛藤に突き当たります。

最大の悩みといえば、何と言っても毎日株価が動くことでしょう。

証券取引所は土日祝日と年末年始以外は開いています。市場が開いてさえいればそこに取引が成立し、株価が変動するのです。さらには、市場が開いていなくても株価に影響するニュースに敏感にならなければなりません。

持っている株式の株価が上がった日は心地良いですが、下がると落ち込んでしまいます。そうやって一喜一憂することで、次第に精神を消耗していきます。

昨日は上がって今日は下げ、また明日は上がってというようなことを繰り返すだけなら徐々に耐性もついてきますが、時には昨日も今日も明日も下がり続けることがあります。そんな状況になれば気が気ではなく、実生活にも影響が出てしまうことさえあるでしょう。

自分の選んだ銘柄が悪かったのか、投資するタイミングが悪かったのか、はたまた単に運のせいなのか、考え出すときりがありません。いずれにしても、自分の思うように株価が動いてくれることはほとんどありません。

もっと言えば、自分の買った株は値下がりし、売った株は上昇する、という錯覚すら覚えます。誰かが自分の動きを見て株価を操作しているのではないか、とすら感じるほどです。いくら経験を重ねてもこのようなことが起こり、自分がいかに取引が下手くそなのかを思い知らされます。

もちろん、株価は短期的に見れば上がるか下がるか二分の一の確率ですから、よほどのことがなければ毎回買ったら下がるということはないはずなのですが、人間は悪い出来事を強く記憶する傾向があるために、そのように感じてしまうのでしょう。

■株価は一週間ごとに見ればいい

株価は、長期的には企業の業績に追随して動くとされます。しかし、どんな業績のいい企業の株であっても思うように値上がりせず、下がってしまうこともあります。なぜなら、短期的な株価の動きはランダムだからです。どんなに優れた企業分析力を持っていようとも、短期的な株価変動の苦悩から解放されることはありません。

予想できない毎日の株価の動きを気にしていては、仕事や生活にも支障が出てしまいます。

そうなってしまっては本末転倒です。このような事態だけは兼業投資家としては何としても避けなければなりません。

毎日の株価変動を気にしないで済む方法はないのでしょうか。

一つの方法は、株価を見ないことです。株価は長い目で見れば企業の業績を反映します。したがって、良い業績の企業を持っていれば、目の前の株価が一時的に下がっても、時間が経てばやがて上昇している可能性が高いと言えます。

私自身も、毎日の株価変動を見ている時は、少し下落したら売りたくなり、反対に少しの上昇でも利益を確定させたくなっていました。毎日この葛藤を繰り返していたら心が落ち着かないだけでなく、結果的に損失が累積して資産を目減りさせてしまうと気が付き、今では**株価を見るのは一週間ごとと決めています**。

現在付いている株価は、単なる「参考値」にすぎません。どこかの誰かが、たまたまその価格で取引したというだけであり、自分がその価格で取引しなければならないというわけではないのです。この点は、売り手や買い手の事情で価格が変わる相対の不動産取引と何ら変わらないのです。

株式の「実体」は企業そのものです。企業の実体が毎日毎日変わるはずはありませんから、株価の変動は投資家が勝手にああでもない、こうでもないと騒ぎたてているだけなのです。企業の価値が変わらないのに価格が下がったのなら、それは株式を安く買うチャンスです。一度買ったら、あとは企業の力を信じて上昇を待つのが、長期投資の正統派のスタイルと言えるでしょう。

抜け目のない投資家は、いい企業の株価が安くなったらすかさず買い、高くなったら売って利益を出します。それまでの株価変動は、最終的な結果とは関係ありません。

ウォーレン・バフェットも以下のように言っています。

「今後10年間市場が閉鎖しても喜んで持ち続けられる株だけを買いなさい」

■何よりも資金を確保せよ

株価の変動だけが株式投資家の苦悩ではありません。投資を進めていくと、お金の面で思うようにいかないことがあります。**資金確保**の問題です。

株式投資は、信用取引を除けば基本的に自己資金で行うことになりますから、何よりもまず資金の確保が必要です。そして、数百万円程度の元手だと、買い進めていくうちにあっという間に次の株を買う資金がなくなってしまいます。新たな株を買おうと思ったら、保有している株を売らなければなりません。

しかし、長期投資ではいつ持っている株が値上がりするかわかりません。上がると思って買った株を、成果が出る前に売ってしまっては元も子もありません。

この制約があるために、多くの人は「今すぐ」上がる株にばかり目をつけ、短期投資にのめ

⑮投資は資金の確保が重要

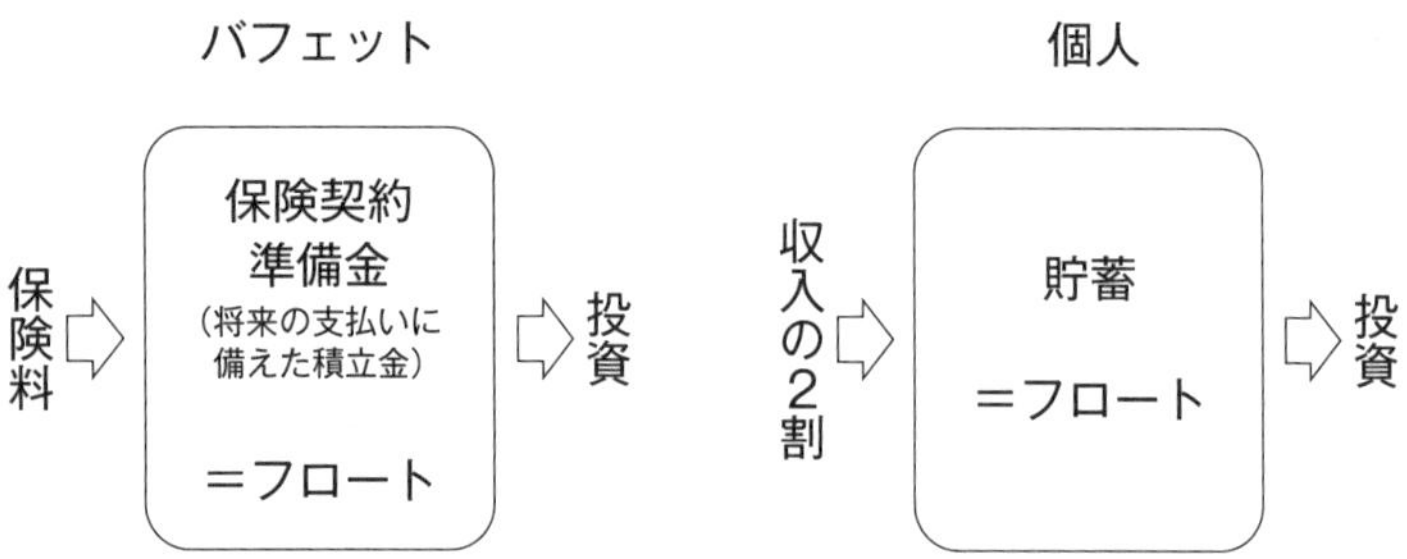

り込んでいくのです。こうして、「上がる」という根も葉もない噂や、信憑性の低い「情報」をもとに売買する「イナゴ投資家」が量産されます。

不動産投資では、このような問題は起こりにくいと言えます。不動産投資では、借入によって自己資金より多くの物件を買うことができ、さらには時間が経てば賃料収入を蓄積することで自己資金を増やして、さらに次の物件を買うことができます。不動産だけで入金と投資のサイクルが完結するのです。

株式には不動産の賃料収入に相当する配当こそありますが、せいぜい5％程度の利回りであり、1000万円投資しても税引後で年40万円です。これでは1銘柄1単元買っただけで終わってしまいます。1年に1銘柄追加するだけでは、何とも物足りなく感じるでしょう。

運良く最初に買った銘柄が値上がりすれば自己資金を増やすことができますが、いつも計算通りにいくわけではありません。相場環境が悪ければ、どんなにいい銘柄であっても何年も手を付けられない「塩漬け」が起こりえます。こうなると、なかなか次のチャンスをものにすることができません。

長期投資を続けつつ新たなチャンスをものにするには、賃料収入のような定期的な入金が必要です。いくらいい苗を持っていても、水をやり続けなければ実をつけることはないのです。

■収入の2割を貯蓄にあてる

そのスタート地点となるのが貯蓄です。

貯蓄の基本は給与などの定期収入であり、私は**収入の2割をまずは貯蓄に充てる**ことを提案します。この貯蓄から、チャンスを見計らって株式への投資を続けるのです。

株式投資で成功するには元手の確保が不可欠で、それが自動的に増えていけば成功する確率も上がります。

実はこの方法は、明治から昭和にかけて活躍した資産家の**本多静六**を真似たものです。彼は雇われの身の大学教授でありながら、収入の四分の一を投資に回すことで、現在の価値にして約１００億円もの財産を築きました。

定期的な収入を投資に回すことは、**ウォーレン・バフェット**の投資スタイルにも通じています。バフェットは、ＣＥＯを務めるバークシャー・ハサウェイの傘下に保険会社を持っていますが、ここでは「保険会社」のビジネスモデルが大きなヒントになります（図⑮）。

保険会社は、先にお金を預かり、将来何かあった場合や満期を迎えた時に保険金を支払います。ここで、お金を預かってから支払いまでの間に寝ているお金が生まれ、それを運用することで資産額を大きくしていったのです。

この余剰資金のことを「フロート」といい、これを個人では将来に備えた「貯蓄」に置き換えることができるでしょう。

個人投資家がバフェットの投資を真似しようと思ったら、まずは収入の一部を貯蓄に回し、「フロート」を確保することが何よりも大切です。

それでは、すでに退職して収入がない人などはどうやってフロートを確保したら良いでしょうか。定期的な収入がある現役世代とは全く違った考え方をしなければなりません。

そもそも、収入もなく、まとまった資金もない人は投資は難しいでしょう。それよりも、毎日の生活をどう工面するかを考えた方が良いと思います。

退職金などのまとまった資金がある人なら、配当を利用することである程度のフロートの確保が可能です。5000万円の資金があれば、配当利回り5％で毎年税引後200万円の配当が得られます。半分をインカムゲイン狙いの配当株、半分をキャピタルゲイン狙いの株に投資することで、資金の枯渇を防ぐことができるでしょう。

これを応用したのが株式投資と不動産投資の合わせ技です。まとまった資産があるのなら、借入を活用して不動産投資を行い、賃料による安定的な収益基盤を築きます。その賃料収入を株式投資に回すことで、フロートの確保を目指すのです。

詳細はまた後半で説明しますが、これは不動産投資と株式投資をうまく融合させた、絶妙な合わせ技になると考えます。

■先人の真似をして学ぶ

投資を続ける上で障害となるのが、心理的な問題です。一人で投資をしていると、本当に自分のやり方が正しいのか、持ち株が上昇する日は来るのか、リスクはないのかと、どんどん不安になってゆきます。ＳＮＳで他の人の優れた投資パフォーマンスを見て落ち込む日々を過ごしてしまうことにもなりかねません。

そもそも**投資には唯一の正解などありません**。もしそれがあれば、運用はとっくにＡＩに取って代わられているでしょう。昨日まで調子の良かったやり方が、今日になって全く通用しなくなることなど日常茶飯事です。それほど株式市場は気まぐれであり、だからこそ投資家自身はブレずに方針を貫く必要があります。

このような心理的な不安を排除するためには、心の支えとなる「メンター」が必要です。

誰も最初は自分の投資方針など固まっていないでしょうから、まずは先人の真似をするのが近道です。身近に投資経験が豊富で信頼のおける人がいれば一番良いのですが、そう都合のよいことはなかなかありませんし、本当に信頼できてかつそのスタイルが自分に合っているのかどうかを判断することは容易ではありません。

私の場合は、ウォーレン・バフェットやその師匠であるベンジャミン・グレアムの投資法から学んだため、何かに困った時には彼らの本や格言を読み、自分がどのように行動すべきかの指針を探すことにしています。

メンターは直接話ができる人物でなくても良いのです。

ただし、バフェットのやり方が全て自分にあてはまるわけではありません。持っている能力や考え方、何より資産規模が異なります。そこでバフェットの教えをベースに、同じような投資をしている人物の本を読み漁ります。バフェットの投資手法は「バリュー投資」と呼ばれるものなので、それをキーワードにすることで多くの著名投資家が見つかります。

様々な人物の考え方から、自分が納得できるものを実践していきます。うまくいくこともうまくいかないこともあるでしょうから、実践する中で最終的に自分に合った方法を見つけていくことが近道となります。

先人は本の著者だけに限りません。インターネット上でブログやSNSを見ると、一般の投資家でも必死に投資のことを考え、実際の投資成果を公にしている人たちがいます。中にはプロ顔負けの成果を出している個人投資家も少なくなく、まずは模倣してみるのもおもしろいでしょう。

ただし、どのような結果になっても、その**責任はあくまで自分にある**ことを忘れてはいけません。

■ブレない投資方針を持つ

最も避けなければならないのは、投資指針がブレてしまうことです。投資の方法に唯一の正解はありませんが、あれもこれもとやっていたら必ず失敗してしまいます。一度この方法でやると決めたら、自分が納得できるまで突き詰めなければ成功は見えません。

投資方針を決めたら他人の言うことに惑わされてはいけません。いろんな人があなたにアドバイスを送ったり、ＳＮＳでも「この銘柄がいい」という情報を目にするでしょう。しかし、それらの情報はあなたの投資方針とは関係のないことです。保有できる銘柄数には限りがありますし、誰が正しいかなんて結局は、神のみぞ知る、です。あなたはあなたの考えに基づいた銘柄を持っていればそれで良いのです。

もちろん、様々な考え方に触れて新たな発見をするということは大事です。しかし、方向性を１８０度変えるのではなく、今あるものの上に新たに積み重ねることをまずは考えるべきです。そうしなければ、いつまで経ってもあなたの投資哲学が完成することはありません。

ただし、いくら自分の投資哲学を身に着けたとしても、方針がブレてしまいかねない状況があります。それはリスクを取りすぎたときです。

あまりにリスクを取りすぎると、どんなに確固たる投資方針があろうともそれを曲げてしまう状況、あるいは曲げなければならない状況に陥ることがあります。例えば、信用取引で思った以上の含み損を抱えてしまい追証かという瀬戸際では、投資方針を貫くことなど二の次になるでしょう。

現物で取引をするにしても、今すぐに必要なお金を投資してしまったら、利益が出ていないのに売却を迫られます。そのようなことを繰り返していては、投資で成功することはありません。だからこそ、「**投資は余裕資金でするべきだ**」と口酸っぱく言われるのです。

心理的な問題を回避する方法は、元手を増やすことです。投資の成果は、結局のところいかに元手を確保できるかにかかっています。そのためには収入を増やし、支出を減らして投資に回せる資金を増やすことが最も重要なのです。投資のパフォーマンスはその後に付いてきます。

資産＝（収入－支出）×投資パフォーマンス

資産を増やすためのこの方程式を、いつも頭に入れておきましょう。

【不動産投資】20年先までのリスクを検討する

■大きな投資金額と借入を背負う覚悟

前章で不動産投資は借入金を主体とした投資となるため、収益の振れ幅は小さくても、損失額は大きくなる傾向があるとお話ししました。

そのため「不動産投資は投資額が大きく危険な投資だ」と感じる方もいるでしょう。

私自身の場合を振り返ってみると、最初の物件の価格は４０００万円でした。今思えばあまり大きい投資ではないと思いますが、会社員の私にはとても大きく、重たく感じました。

でも、「借金をしてでも買っておくべきだ」と私の頭の中の強気くんが言っています。

もう一人の弱気くんは「おっかないからやめようよ」と引き止めます。

強気くんの意見はこうです。

「この物件を購入して計画通りに順調に経営していければ、借入金は家賃収入で返済できるし、立地や土地の広さから考えて返済が終わる頃にこの物件が無価値になるとは思えない。時間はかかるかもしれないけど損をすることはないよ」

一方、弱気くんはこう言います。

「そんなにうまくいくかなあ。空室になったら家賃は入ってこないよ。入居者が見つかっても家賃はすごく下がるかもしれないね。それに修繕費だってかかるでしょう。借金が払えなくなって破産したらどうするの」

■20年先まで収支をシミュレーションしてみる

二人の意見は平行線ですが、ポイントは弱気くんの懸念する、家賃収入（空室リスクと家賃下落リスク）と修繕費、そして返済能力のようですから、この点についてよく考えてみました。

修繕費についていろいろ調べてみると、この物件はハウスメーカーによる築浅の軽量鉄骨アパートで、まだ建物の保証もついているため建物自体に問題はなさそうです。退去の際には壁紙や床などの補修が必要になるかもしれませんが、高額な費用はかからないと予想されます。

ですからリスクの中心は**家賃収入が確実に入ってくるかどうか**に絞られました。

そこで私は次のようなやりかたで検証してみました。

①売買仲介業者さんのいう家賃相場、入居率などは参考程度に留め、実際に現地の賃貸仲介業者さんを何軒も訪問して**現場の声を確認**しました。家賃は将来的には下がると思われるが10年で10％程度と見込まれ、家賃を下げていけば入居者は見つかるだろう、とのこと。その結

果を元に、自分でエクセルで**20年間の収支見込みの表を作成**し、返済ができるかどうかを計算しました。

②その表を使って、最悪、10年間で入居率低下と家賃下落で年間の家賃総額が20％下がった場合にローン返済ができるかどうかを計算してみましたが、払えることがわかりました。

③念のため、さらに家賃、入居率が悪化して年間の家賃総額が50％になり家賃だけでローンが払えなくなった場合でも、本業の給与所得で不足分を補塡できるかどうかも確認しました。

このように、10年で10％の下落、20％の下落、50％の下落と、**３パターンのシミュレーションを検討**した結果、最悪の場合でも日々の生活費を除いた資金で補塡ができることがわかりました。

また、最悪の条件下でも20年間所有し続けることができればこの物件に投資した金額はすべて回収できること、この物件は住宅地にあり20年後に無価値になる土地ではないことから、持ち続けることができれば損失は発生しないと確信できました。

このように慎重に検討を重ねた結果、「それでもやらないというのは慎重ではなく臆病ではないか」、私はそう考えて初めての物件を購入したのです。

ひとつの投資案件について、強気くんと弱気くんの二人の意見を戦わせながら見ていくと、物件の賃貸物件としての本当の実力がわかります。その実力を把握した上で、今の物件価格で購入した場合に投資として成立するものなのかを見極めていきます。そして、価値ありと判断したら、これを実践できる理性的な自分を登場させて前に進むのです。

■投資を決断する2つの条件とは

では、投資する価値があるかどうか、どこで判断すれば良いのでしょうか。

大きな投資をするのですから、少しでも良い条件を望む気持ちもわかります。例えば次のようなことがよく言われます。

・利回り○△%以上の物件
・長期で低利のローン可能
・自己資金は少なくて可（できればゼロで）
・安定した賃貸需要がある
・資産価値があり、将来の価値も十分なもの

でも、希望のハードルを上げすぎると、「そんな物件はどこにもない」ということになります。そんなに投資家に有利になる物件だったら、「所有者は売る必要はない」ですよね。

もちろん、売らなければならない事情がある場合もあるでしょう。たとえば相続税を払うた

めや、資金繰りが厳しくなるなどの理由で売却を急いでいるため、割安な物件も出ることがあります。しかし、そのような物件が出てきたとしても、仲介業者と懇意にしている人に優先的に情報がいくのが実態です。ですから、最初は好条件ばかり望むと投資できる確率は低くなってしまいます。

そこで、最初はベストではないけれどベターな物件を、投資として価値があると判断できれば購入するというスタンスが必要でしょう。そのための判断基準は2つです。

①借入金を使って投資しても、**自分の財務状況で持ち続けることができる**こと
②一定期間**持ち続けていれば損失が発生しない**こと

この2つに確信が持てれば、借入金を使っても不動産投資を行う価値があると思います。しかし、どちらか一方でも欠ける可能性がある場合、いくら魅力的な物件だったとしても、その投資は見送らなければいけません。

■持ち続けることができる投資か

不動産投資は借入金を使った投資です。単純に言えば家賃収入からローンを払って資産を増やしていこうとするものです。ですが、金利や返済期間によっては返済額が大きくなり、本当

は利益が出ているのに返済ができずに手放さなければならないことがあります。

たとえば家賃収入が50万円で月々の返済が50万円だったのに、空室が2割発生して家賃収入が40万円に落ち込んだ状態が半年間続いたとします。10万円は自分の他の収入で支払えばなんとかなるかもしれないし、最初から持ち出す覚悟ならそれでも良いでしょう。

しかし、これが10倍の規模になり、家賃収入500万円で月々の返済が500万円だったらどうでしょうか。同じ2割減でも持ち出しは月100万円となりますね。月100万円の持ち出しに耐えられる人はあまりいないのではないでしょうか。

持ち出しに耐えきれなくなり、手放すしか道がなく、損失が発生するけれども買主の言い値で売ってしまったら、この投資は失敗になります。資金繰りがアウトになってしまったのですから仕方ないですね。

しかし、投げ売りせずに少し時間をかけることができたら損失なく売却できたかもしれないし、本来の適正価格で売れたら利益がとれた可能性もあります。不動産投資は相対取引のため、資金ショートなどで売主が不利な立場になると、買い叩かれるリスクが高くなるのです。

■一定期間持ち続ければ損失は発生しないか

家賃収入で返済を続けることができるのであれば、次は「どのくらいの期間所有し続ければ損失は発生しないのか」を考えます。

たとえば１億円の投資をして、毎月の返済によって借入の元金が減った分と、すべての経費と税金を支払ったあとのキャッシュフローを合計した額が、年間３００万円になるとします。これが10年間続くと３０００万円のプラスとなり、投資した金額のうちまだ回収が済んでいない金額は７０００万円になります。

そこで、この物件が10年後、いくらで売れるかを考えます。７０００万円以上で売れれば損失は発生しませんが、それ以下だったらマイナスになってしまいます。ここを見極めて、７０００万円以下にはならないと確信できるのであれば、この投資のリスクは極めて低いことになります。

このように、投資して持ち続けられ、一定期間経過すれば損失が発生しないと確信できれば、投資する価値はあると結論します。

しかし、未来予測を１００％的中させることはできません。予測するための材料をかき集めて、いろいろな分析をするのですが、詳細に検討すればするほど悩んでしまうこともあります。自分の予測が外れる確率はどのくらいなのか。そのときのマイナスのブレ、例えば入居率や家賃はどこまで下がる可能性があるのかなど、心配しだすときりがありません。強気と慎重と臆病とのはざまで心が揺れ動くのです。

この２つのポイントについて、実際の投資では次のように具体的に考えていきます。

■返済期間と自己資金の割合で返済額は変わる

持ち続けることができるかは、第一に融資期間と金利によって決まってきます。

Ⓐ借入1億円（30年返済／金利3％／元利均等返済）……月返済額42万1604円
Ⓑ借入1億円（20年返済／金利3％／元利均等返済）……月返済額55万4597円

家賃が月60万円入ってくるとすると、30年返済だったら返せそうですね。仲介業者さんも「月60万円もらえて、42万円の返済ですから18万円残ります。良い投資ですよ」とあおってくるわけです。

でも、不動産投資では空室リスクもあり、固定資産税や修繕費などの費用もかかってきます。月18万円残ったとしても、いろいろな費用で出て行ってしまうかもしれません。

そこで、持ち続けられるようにするには返済額を減らしたいと考えるわけです。自己資金を1000万円用意し、さらに価格交渉で1000万円減額して借入を8000万円に抑えると、月返済は33万7283円に下がります。

60万円入って33万円の返済だったら、空室が続いてもなんとかなるような気もしてきますね。

このように、家賃下落や空室や費用の発生を考慮して、それでも資金が回るポイントを自分で探っていくことになります。

⑯１億円借入れた場合の元金返済額（単位・万円）

借入条件＼経過年数	金利 3%		金利 1%	
	30 年返済	20 年返済	30 年返済	20 年返済
5 年経過	1116	1976	1466	2317
10 年経過	2410	4266	3008	4752
15 年経過	3909	6922	4628	7310
20 年経過	5648	10000	6330	10000

また、この計算では金利も大きなポイントです。30年返済で１億円の借入でも、金利が１％であれば月返済額は32万１６３９円です。これなら、８０００万円を３％で借りた場合の33万７２８３円よりも返済額が安くなっています。

■金利支払いと元金返済額

もう一つのポイント、一定期間持ち続けていれば損失は発生しないかどうかは、元金返済額を見ます。年数の経過と元金返済額を表⑯にしました。

例えば30年返済・金利３％で１億円を借入れて投資した人は、10年後には元金返済額は２４１０万円になっていますから、これと10年間のキャッシュフローを加減した金額と比べて10年後の物件価格が下回らなければ、損失は発生しない投資になるということです。

もしも、キャッシュフローがギリギリでプラスマイナスゼロであるとすれば、10年後の物件価格が７５９０万円以上（１億円－２４１０万円）かどうかが分岐点です。

ローン期間を延ばせば持ち続けることができる条件は得られるか

もしれません。ただし一方で元金返済のスピードは遅くなりますので、損失が発生しないために必要なキャッシュフローの金額は上がってしまいます。

ですので、片方の条件だけでは不動産投資は成功するとは言いきれないのです。

■物件を購入してからが本当のスタート

あれこれ悩んで投資したら、その日が不動産投資＝不動産賃貸業の本当のスタートになります。実際に物件購入後にはどんなことに対処することになるのか、みていきましょう。主な問題は次の４つです。

①入居者の募集と管理
②家賃交渉
③リフォーム
④大規模修繕

①入居者の管理、募集はどうする？

売買契約と決済が終われば、その瞬間からあなたは**大家さん、オーナー**です。

大家さんになったら、必ず**入居者が必要**です。空室があったら新たな入居者を見つけてこなければなりません。まず、決めなければならないのは、今いる入居者さんの管理をどうするかですが、２つの選択肢があります。

Ⓐ自分で管理する（自主管理）
Ⓑ管理会社に任せる

自分で管理するのなら、自分の連絡先や振込先を入居者さんたちに伝え、困っていることや退去の通知などは、直接連絡するように伝えます。これを一般に**自主管理**と言います。**管理会社に任せる**のなら、今までと同じ管理会社でいくのか、変更するのかを考えます。どちらにせよ、入居者との連絡は管理会社がやってくれることになりますが、**家賃の５％前後の管理費**が必要です。

また、空室や退去があれば入居募集をしなければなりません。

自主管理の場合は、自分の物件資料を持って賃貸仲介の会社（客付会社）を回って入居者募集をお願いすることになります。一社だけでは不安であれば複数社を回ります。

管理会社に任せている場合はその管理会社が入居募集をしてくれますし、管理会社経由で他の賃貸仲介会社（客付会社）にも情報を流してもらえます。

②家賃交渉が入ったら

希望する家賃で入居が決まるとは限りません。反応がなければ管理会社や客付会社さんから「家賃を下げたらどうですか?」「フリーレント(家賃無料期間)は?」「敷金ゼロは?」などの要望や提案があるでしょう。

また、入居希望者から「あと1000円下げてもらえたら決める」とか「フリーレントをつけて欲しい」と要望が出ることもあります。すべて収入に直結する話ですから、できれば下げたくはありません。でも、下げなければ、さらに空室が続く可能性もあります。

このように「家賃を下げて入居を優先するか」「家賃を守ってもう少し頑張ってみるか」などの判断を迫られることになるでしょう。

この判断の目安は、その地域の家賃が下落傾向にあるのかどうかです。下落傾向にあるのであれば、粘ればそれだけ家賃相場が下がってしまいますので、先に家賃を下げてしまって入居者を確保することが得策です。

ちょっと下げすぎたかと思っても、数年たてば下げた家賃まで相場まで下がってくるかもしれません。もし、今の家賃設定のままで頑張ってもさらに数か月入居者が決まらなければ、**家賃を下げてでも入居者を確保するほうが得**になりますし、その間の精神的な不安を考えれば早期に確定したほうが良いでしょう。

③リフォームをどこまでするか

入居者が退去すると、ごく普通に使っていたとしても壁紙や床が汚れていますので、そのまま貸すのではなく、壁紙を貼り替えたり床材を一部入れ替えたりします。

また築古の物件であれば昭和の雰囲気のあるキッチンや洗面などもあるでしょう。そのままだと到底貸せない場合もありますし、使えるけれど古びていてこれでは入居者がつかないと思われるものもあります。

もちろん、ぜんぶ取り替えてピカピカの新品にすれば入居者が見つかりやすいでしょうが、お金がかかります。**どこまで直すのが最も費用対効果が高いのか**を考えなければいけませんし、手持ち資金に余裕がない場合はその費用をどこから捻出するのかも決める必要があります。

④大規模修繕の時期が来た

中古物件では外壁塗装が必要になったり、エレベーターが古くサービス部品が無くなる時期が到来して改修が必要になることがあります。

塗装の傷みを放置すればコーキングが切れて水漏れを起こすこともありますし、エレベーターをそのままにしておくと、いざ故障しても部品がもはや廃番となっていて入手できずに使えなくなるということもあります。

大規模修繕の予算をまったく考慮していないと「予想外の出費」ということになりますが、

投資する際にその部分の費用も考慮しておけば予想外ではありませんね。

また、業者によって費用は大きく違ってきます。外壁塗装などは最高値と最安値で倍くらい差があることもあります。施工内容と価格を検証して最適な業者を選択することになりますが、そのためには自分自身で見積りの内容を理解することが必要になってきます。

もちろん専門家になる必要はありませんが、**最適コストで必要な修繕を確実に実施していくことが大切になってきます。**

■束の間の平和＝満室状態を満喫する

このように、不動産投資では解決しなければならないことが沢山あります。そして、この課題を着実にクリアしていかなければ投資は失敗に終わってしまうでしょう。

しかし、その課題と「何が問題なのか」を考えていけば大半は解決可能です。そして、問題がすべて解決できた状態、つまり満室経営になれば、それ以上やることはありません。

この**満室の状態をいかに長く続けていけるのか**が不動産投資のポイントであり、その間は気持ちも安定し、心穏やかにいられます。そして、また新たな空室が発生したら、満室のときの安らぎを目指して頑張ることになります。

物件を所有している間はこの繰り返しです。そんなのは嫌だという方もいらっしゃると思いますが、何回も経験していくとスキルが上がり、空室になると「今度はどんな方法で埋めてやろうか」と逆に楽しめるようになってくるかもしれません。

■リフォームと新築企画はくせになるかも

空室のリフォームは、壁紙を選んだり、床にお気に入りのクッションフロアを貼ったり、さらにはキッチンパネルに硬質塩ビシートを張ったりと、コーディネートを考えながらやっていく過程は楽しいものです。なかには業者に頼まず自分で作業をする人もいます。

また、もっと大がかりに躯体だけ残してフルリノベーションをする人もいます。

最初は入居募集のためと言いながら、こだわりはじめてしまい、素晴らしいものができたものの採算性は悪化した、と笑って話す人もいます。資金に余裕ができると、余分に費用が掛かっても楽しめるほうが良いと考えるようです。

私自身、最近は新築ばかりやっています。収支を考えて新築をやっているつもりですが、一から物件を造りこめることも大きな魅力です。こだわりすぎて当初予算で収まったことはありませんが、内覧のときに入居希望者さんが目を輝かせてくれるのを見ると、よかったと思うのです。

最初のうちは投資利回り、採算性、資金繰りなど、悩みはさまざま多いのですが、一度そこを突き抜けてしまえば、不動産投資＝賃貸業は楽しいと思えるのではないでしょうか。

株式投資コラム

ひとつの銘柄に割く資金の割合は？

間違いなく言えることは、１つの銘柄に占める割合が高いほど、一般的に言う「リスク」は高まるということです。これは、資産が減ってしまうだけではなく、増える方にも働きます。簡単に半分になることもあれば、２倍になることだって珍しくないのです。

一方で、多くの銘柄を少しずつ持つことで、リスク分散が図られます。これはつまり、簡単に半分になるようなことは回避できるということです。反対に簡単に２倍になることも難しくなります。

その前提で私がアドバイスできることは、金額が小さいうちはあまり多くの銘柄に分散してしまわないことです。金額が小さいうちから分散してしまうと、得られる成果はわずかなものとなる上、ひとつひとつの銘柄に対する理解もおざなりになってしまいます。

例えば、資金額が１００万円程度なら、保有する銘柄数は３銘柄までとし、１つの銘柄に占める割合が50％を超えることもやむを得ないと思います。そもそも金額が小さいと、あまり多くの銘柄には投資できません。ただし、運悪く資産が減ってしまった時に、追加で投入できる資金を用意することが大切です。

少数銘柄への投資に慣れてきたら、投資銘柄を増やすことも検討しましょう。金額が増えると多くの銘柄に投資できますし、銘柄数が増えればリスク分散が図れます。投資金額が増えるほど、増やすよりも守るニーズが高まるものです。守る投資を考えると、１つの銘柄に対する比率は30％までが限度でしょう。

しかし、あまり分散させすぎるのも考えものです。銘柄数が多くなりすぎると、管理が難しくなります。備忘のために最小単元だけを買う「打診買い」を除けば、保有する銘柄数は10銘柄程度が限度でしょう。それだけの数に投資すれば十分な分散効果が得られるとされていますし、それ以上分散したいのならインデックスに投資するのが手間・コスト的にも理にかなっています。

1つの銘柄への割合は30～50％としましたが、こうすべきというものでもありません。1つの銘柄への割合の高さは、その銘柄に対する自信の現れだと思います。研究に研究を重ね、どう考えてもその銘柄への投資が素晴らしいと考えるなら、その銘柄一本に絞っても構わないと思います。うまくいったときには一気に資産は膨れ上がるでしょう。資産を大きく増やした人は、1銘柄にベットしていたからこそ成功したのです。

逆に言えば、1銘柄に投資できる自信を持てる人こそ、本当の上級者と言えます。バフェットも最近は「ポートフォリオをAppleだけにしても良い」という趣旨の発言をしています。私もその境地に近づきたいものです。

とは言え、初心者～中級者にとっての原則は分散投資です。資産を守りたければ、1つの銘柄に集中しすぎないことを心がけましょう。

（桙井駿介）

第４章　まとめ

株式投資を始めるなら……

株価の動きに一喜一憂せず、先人に学んで自分自身の投資スタイルをつくろう。

投資資金を確保するために、収入の２割を貯蓄にあてよう。

不動産投資を始めるなら……

持ち続けることができるか、持ち続けて利益が出るのかを見て、物件を判断しよう。

物件を買ったところから、本来の不動産賃貸業がスタートすることを理解しよう。

第5章 これだけ違う所得と税制

株式投資の利益は分離課税となるので、税金についてむずかしく考える必要はありません。やりかたによっては確定申告をしないで済ますこともできます。

不動産所得は総合課税なので、税金について学ぶことは必須です。相続税対策や節税効果などはよく言われますが、青色申告、事業規模、法人化などのポイントを押さえておきましょう。

【株式投資】株式投資の税制は単純明快

■株式投資の税率と確定申告

株式投資に関する税制は、端的に言ってあまり難しく考える必要はありません。通常の所得税は、所得額が増えるほど税率が上がる「累進課税」ですが、**上場株式の配当や譲渡益にかかる税金は一律20・315％**（復興特別所得税を含む）です。

総合課税であれば年収が増えるほど多くの税金が取られますが、分離課税の株式投資ではどれだけ年収や投資利益が増えようと税率は一定であり、年収や投資金額が多いほど相対的に有利になる税制と言えます。

手続きも、普通に投資していれば難しくありません。証券会社に「特定口座（源泉徴収あり）」を開設すれば、税金は源泉徴収されて確定申告の必要はありません（表⑰）。

一方で、「特定口座（源泉徴収なし）」を選択してメリットがあるのは、年収が2000万円以下で、給与以外の所得が20万円以下の場合です。このケースでは確定申告不要で税金を払う必要はないので、最大で約4万円節税することができます。ただし、利益が20万円を超えると

⑰株式投資の口座の種類と特徴

	特定口座（源泉徴収あり）	特定口座（源泉徴収なし）	一般口座
確定申告	不要（しようと思えばできる）	必要（証券会社が「年間取引報告書」を発行）	必要（自ら計算を行う）
年間の利益が20万円以下の場合	課税される	確定申告不要で非課税	確定申告不要で非課税

確定申告が必要になります。

確定申告が苦にならないのなら「特定口座（源泉徴収なし）」を選択すれば無駄な税金を払うことはありません。一方で、配当などで確実に年間20万円以上の利益を見込んだり、節税効果を捨ててでも確定申告をやりたくないという人は「特定口座（源泉徴収あり）」を選択すると良いでしょう。

「源泉徴収あり」の口座であえて確定申告するメリットがあるのは以下のようなケースです。

①異なる証券会社間で損益を相殺する場合
②年をまたいで損失の繰り越しをする場合

①は、ある証券会社では利益が出ていて、他の証券会社では損失が出ている場合です。このとき、確定申告することで払いすぎた税金の還付を受けることができます。確定申告には、証券会社から送付される「年間取引報告書」を利用します。

②は、ある年の損失を、その後の3年間にわたって繰り越せ

るものです。例えば、昨年100万円の損失が出て、今年200万円の利益が出た場合、昨年の損失を繰り越すことで今年の利益を100万円として計算することができ、約20万円分の税金を節約できます。ただし、これを利用するには損失を出した翌年から3年間は確定申告をする必要があります。

■NISA（少額投資非課税制度）

NISA（少額投資非課税制度）とは、2014年に始まった制度のことで、年間120万円までの投資なら**株式・投資信託に係る利益に対する税金が5年間非課税になる制度**のことです。

ほぼ無条件に非課税になるため、株式投資をする人なら必ず利用すべきものと言えます。あまり深く考えなければ、毎年最初の120万円はNISAで投資すれば良いでしょう。

ただし、気をつけなければならない点もあります。最大のポイントは、**損益通算ができない**ことです。NISA口座で損失が出て、NISA以外の口座で利益が出た場合、利益にのみ課税されて損失を利用することができません。

例えば、NISA口座で30万円の損失、特定口座で100万円の利益が出たとします。すべて特定口座であれば利益が70万円となり課税額は約14万円ですが、この例の場合、特定口座での利益100万円に対してのみ課税され、課税額は約20万円となって、約6万円の「払いす

⑱ NISAとつみたてNISAを比較する

	NISA	つみたてNISA
上限額（年間）	120万円	40万円
非課税期間	5年（終了翌年の非課税枠を使いさらに5年間の継続が可能）	20年
取扱商品	日本株、外国株（※証券会社による）、投資信託	投資信託のみ

ぎ」が生じてしまうのです。

ＮＩＳＡの枠内だけで投資するのであれば、どのみち非課税のため関係ありませんが、年間１２０万円以上投資するなら利用方法に注意する必要があります。つまり、ＮＩＳＡは利益が出なければメリットを生かせないため、利用するときはより利益の出る確率の高い投資を行うのが良いのです。例えば、配当目的の投資なら非課税メリットが得られる確率が高まります。

ＮＩＳＡ口座は、１人１口座しか開くことができません。そのため、どの金融機関で開くか、ご自身の利用状況によってよく考えなければなりません。

金融機関によって最も異なるのは、商品の品揃えです。特に、投資信託のラインナップは、証券会社によって大きく異なります。投資信託の種類は多いにこしたことはありません。

普段使っている証券会社が特にないという人は、大手ネット証券であるＳＢＩ証券、楽天証券、マネックス証券のいずれかに口座を開設すれば問題ないでしょう。

また、外国株もＮＩＳＡで投資したいという人は、取引したい国の取引がＮＩＳＡに対応しているかどうか調べる必要があります。

気をつけて欲しいのは、ＮＩＳＡ口座は銀行でも開設できることです。銀行では投資信託を買うことはできますが、個別株を買うことはできません。本当は個別株の取引がしたいのに、うっかり銀行にＮＩＳＡ口座を開いてしまうと、非課税枠を無駄にしてしまいます。

すでに銀行にＮＩＳＡ口座を開いてしまったという方もいるかもしれません。ご安心ください。ＮＩＳＡ口座は他の会社に移行することができます。いつでも移行することができますが、その次に変更できるのは翌年以降になるため、慎重に移行先を見極めましょう。

■ＮＩＳＡ vs. つみたてＮＩＳＡ

ＮＩＳＡと同じような制度に「つみたてＮＩＳＡ」というものがあります。ＮＩＳＡとつみたてＮＩＳＡは、どちらか一方しか選ぶことができません（表⑱）。

つみたてＮＩＳＡの特徴は、年間の非課税枠が40万円（ＮＩＳＡは１２０万円）となる代わりに、**非課税期間が20年間**（ＮＩＳＡは5年間）となる制度です。また、対象となる商品はかなり限定され、一部の投資信託やＥＴＦに限られます。個別株を取引することはできません。

例えば、ＮＩＳＡとつみたてＮＩＳＡで、それぞれ年間7％（複利）のリターンが出たとしましょう。ＮＩＳＡの非課税期間は5年間のため、１２０万円が複利で１６８万円となり、利益は48万円、節税効果は10万円、年あたりに直すと２万円です（手数料考慮せず）。

⑲ NISAとつみたてNISAでどのくらい節税できるか

		年率リターン（複利）			
		5%	7%	10%	15%
NISA（5年）	利益	33万円	48万円	73万円	121万円
	節税額	7万円	10万円	15万円	25万円
	年あたり節税額	1.3万円	2.0万円	3.0万円	4.9万円
NISA（5+5年）	利益	75万円	116万円	191万円	365万円
	節税額	15万円	24万円	39万円	74万円
	年あたり節税額	1.5万円	2.4万円	3.9万円	7.4万円
つみたてNISA（20年）	利益	66万円	115万円	229万円	615万円
	節税額	13万円	23万円	47万円	125万円
	年あたり節税額	0.7万円	1.2万円	2.3万円	6.2万円

ＮＩＳＡは5年間の非課税期間後、さらに5年間繰り越せるため、投資期間が10年に伸びたとすると、同じ条件で利益は１１６万円、節税額は24万円、年あたりに直すと２・４万円となります。ただし、繰り越した年の非課税枠を消費してしまいます。

一方、つみたてＮＩＳＡで満額の40万円を20年間運用したとして、40万円が１５５万円となり、利益は１１５万、節税額は23万円、年あたりに直すと１・２万円です。金額だけ見るとＮＩＳＡに劣りますが、投資額40万円に対する割合は3％と、１・５～２％程度の（通常）ＮＩＳＡと比べると「お得感」はあります（表⑲）。

しかし、これは20年間順調に複利で利益を伸ばし続けたと仮定した場合であって、そこまで運用がうまくいかなかったり、途中で売却してしまった場合は効果が薄れてしまいます。

ＮＩＳＡ、つみたてＮＩＳＡのいずれをとっても上限額があり、実際はそれほど大きな節税効果は期待できないと考えた方がいいかもしれません。国の目論見も税金を引き下げることではなく、あくまで投資の入り口を作ろうとしているのでしょう。

ＮＩＳＡは月10万円という、キリのいい金額が設定されています。投資で最初につまずくのは、元手がないことです。ＮＩＳＡは、そんな人でもコツコツと投資を始めるためにはうってつけの制度と言えます。税金がかからないことから、買ってから利益が出るまでひたすら待っていればいいのです。

一方のつみたてＮＩＳＡは個別株の取引ができないことから、積極的に株式投資をやりたいという人にはあまり向いていないと言えます。また、同じように投資信託に積み立てるなら、次に紹介するｉＤｅＣｏ（個人型確定拠出年金）の方が、税制面ではよほど有利な制度と言えます。

■iDeCo（個人型確定拠出年金）

ｉＤｅＣｏ（個人型確定拠出年金）は、公的年金制度とは別の**私的年金制度**です。年金ですが、積み立てたものは全額自分のものとなります。毎月一定額を積み立て、運用先は投資信託や定期預金などから自分で選択することができます。

私はこれを、現役世代ならどんな投資よりも最初に始めるべきものだと考えます。なぜなら、節税メリットがとても大きいからです。

ＮＩＳＡでは、課税が免除されるのはあくまで「利益」に対してです。利益が出なければその効果は得られず、利益額が小さい場合は節税額は微々たるものでしかありません。

ところが、ｉＤｅＣｏの節税は掛け金に対する「所得控除」です。これはつまり、給与などの所得から掛け金分を減額することができ、さらに利益に対しても非課税になるものです。

例えば年間の課税所得が４００万円の会社員（企業年金なし）なら、満額の2万３０００円を積み立てることで年間で約８万円の節税効果を得られます。年収が１０００万円になれば約12万円です。年収４００万円のケースでも、掛け金に対するリターンは約30％となり、とても有利なことがわかります。ただし、受取りの際は退職金または年金として税金がかかるため、よく考えなければなりません。

もちろん、年金ですから最低でも60歳にならないと受け取ることができません。しかし、ほとんどの投資家アンケートにおいて資産運用目的の最大項目が「老後のため」となっていることからも、多くの人にとって問題になることではないと考えられます。

節税だけではありません。これまで説明してきたように、インデックス投資は平均して年間6～7％のリターンを生みますから、時間をかけるほど掛け金が減ってしまう可能性は低く、着実に増え続けていくはずです。

節税とインデックスへの積立投資の両方の効果を得られるｉＤｅＣｏは、将来のお金が不安な現役世代にとって非常に心強い味方になるでしょう。まだ始めていない人は、今すぐにでも始めるべき制度です。

■長期投資は税金面でも有利

証券口座の種類やNISA、iDeCoについて触れてきましたが、いずれも関係するのは投資金額が少額の場合です。投資金額が大きくなるほど、これらの差異は微々たるものとなってきます。

一定の水準を超えると、後は一律20・315％という世界です。これは他の投資と比較して非常に優遇されていますし、特定口座を使えば確定申告の必要すらありません。例えば、仮想通貨に投資した場合は確定申告が必要になるばかりか、雑所得となるために儲かれば儲かるほど税率は上昇していき、最大55％にまでなります。

投資そのものもワンクリックでできてしまうことから、株式投資ほど実践に手間のかからないものはありません。そういう意味で、「片手間」にやるにはうってつけの投資と言うことができます。

それでは、一律の税金がかかる場合に優れているのは、短期投資と長期投資ではどちらでしょうか。

多少夢の入った話ではありますが、30年間一貫して10％の成長を遂げる会社があったとしま

⑳リターン10%、税率20.315%で短期と長期の投資を比べると

（単位・万円）

	短期投資	長期投資
0年目	100	100
1年目	108	110
2年目	117	121
3年目	126	133
4年目	136	146
5年目	147	161
6年目	158	177
7年目	171	195
8年目	185	214
9年目	199	236
10年目	215	259
11年目	232	285
12年目	251	314
13年目	271	345
14年目	293	380
15年目	316	418
16年目	341	459
17年目	368	505
18年目	398	556
19年目	429	612
20年目	463	673
21年目	500	740
22年目	540	814
23年目	583	895
24年目	630	985
25年目	680	1083
26年目	734	1192
27年目	793	1311
28年目	856	1442
29年目	924	1586
30年目	997	1745
最終金額（課税後）	997	1311

しょう。長期投資ではこの会社に投資し、そのまま持ち続けます。一方で、短期投資では年率10％の利益をあげながら、毎年利益確定により20・315％が課税されるとします。そのシミュレーションは表⑳のとおりです。

当初投資額が100万円だとすると、30年後には税金だけで300万円以上の差が生まれることがわかります。もちろん、30年間成長し続ける企業を見つけるのは至難の業ですが、少なくとも税金面で不利になることはありませんし、売買手数料やその手間をかける必要がありません。

これが、私が**バイ＆ホールド（買い持ち）で投資を行う**一つの理由です。

【不動産投資】不動産投資は投資の総合格闘技

不動産投資と税というと、皆さんは何を思い浮かべますか。

「相続税対策になります」

「節税手段として有効です」

といったセールストークを思い出す方も多いかと思います。

前者の相続税対策は、地主さんが賃貸物件を建てると、更地の状態より土地の相続税評価が低くなることを根拠にしています。

また、多額の金融資産等を持っている人がタワーマンションの高層階を購入する場合、低層階と高層階との価格差に比べて相続税評価の差は小さいため、高層階を買うことによってその差が節税になるという仕組みです。

どちらも計算上相続税は減ることになりますが、そのために購入した不動産の価値が購入額より減価することになれば、「資産を減らしているのだから相続税は減って当たり前。だから相続税対策になっていない」という場合もあります。

後者の節税手段は、新築区分販売のセールストークにも使われます。新築区分を買うと、当初は初期費用、減価償却費などが損金となり、不動産所得がマイナスとなります。不動産所得は給与所得と合算されるので、マイナスの分だけ節税となります。また、団信生命保険付きでローンを組めば、生命保険分も経費にできます。

このような話も一理ありますが、節税をセールストークにしなければならないほど「儲からない」物件は、本来の不動産投資とは異なります。節税のセールストークがでたら、NG物件のサインだと考えるほうが良いでしょう。

■不動産投資は総合課税

新築区分のセールストークにもありましたが、**不動産所得は会社員であれば給与所得、自営業者であれば事業所得に合算**されます。これを総合課税と言います。

不動産投資でマイナスが生じたとき、その分を給与所得から差し引いてくれるのはありがたいのですが、マイナスが続くということは基本で考えればその投資は失敗しているということになりますから、喜んでいる場合ではありません。

投資がうまくいっているのであれば不動産投資での所得が発生します。これは良いことです。しかし、総合課税ですので、その所得は会社員であれば給与所得に加算、つまり上乗せになります。

たとえば、1000万円の給与所得のある方で不動産所得が500万円発生すると、所得は1500万円になります。日本の個人所得に対する税率は累進課税ですから、不動産所得だけで考えれば税率が小さくても、いきなり所得1000万円から上の税率が適用されてしまうのです。

■節税対策〈初級編〉青色申告と事業的規模

そのため、何らかの節税対策が必要になってきます。

あまり規模も所得も大きくない段階であれば、個人事業主として事業的規模の青色申告をするのが良いでしょう。個人の申告には白色と青色があります。その違いは届け出と記帳の方法にありますが、今は電子申告もあり、少し勉強すれば青色申告も可能でしょう。

青色申告すると「しっかり帳簿を作って明解に申告してくれているから、その分ご褒美をあげよう」ということで、**10万円、もしくは65万円の特別控除を適用**してくれます。つまり不動産所得が100万円の場合、10万円引いて90万円か、65万円引いて35万円の所得にしてあげましょうということです。

この控除が10万円か65万円かの区分けは、その不動産賃貸業が「**事業的規模**」**かどうか**で決まります。「**5棟10室基準**」と言って、賃貸物件を5棟持っているか、5棟持っていなくても部屋数が10室以上あれば事業的規模として認められます。

また青色事業専従者給与という制度もあります。これは生計を共にしている配偶者もしくは親族に対して給与を必要経費として認めてくれるものです。

様々な条件があるものの専従者への給与が認められれば、その専従者に払った給与は専従者自身の所得税率が適用されるため、賃貸経営をしている個人一人に集中する場合よりも税率を低く抑えることができます。

■節税対策〈中級編〉法人設立

規模が大きくなり、所得が増大すればさらに税率が高くなります。たとえば所得税、住民税合わせて50％の税率が適用されると「儲けの50％を納税する」ことになります。

不動産投資で利益を上げるためのリスクが同じとすると、適用される税率によって同じリスクを取る投資なのに税引き後のリターンが違ってくるという現象が発生します。

たとえば税率20％の人と50％の人が同じ1億円の投資を行い、税引き前1年間の利益が1000万円だとすると

税引き前利益　1000万円
税引き後利益　税率20％　800万円
税引き後利益　税率50％　500万円

となります。同じリスクを引き受けても、税率が高くなればなるほどリターンは小さくなってしまいます。たとえて言えば当選確率が同じで値段も同じ宝くじなのに、税率の安い人は一等８００万円、高い人の一等は５００万円にしかならないようなものです。

これでは税率が高くなると最初からハンデを背負っているようなものなので、一般的には一定規模以上になって適用税率が高くなると法人を設立することが行われています。

税率と法人化のタイミングですが、税務関係者のあいだで「３並び（税率30％、年間家賃収入３０００万円、総資産３億円）」という言葉があるように、これらのうちどれか一つでも超えた時点と言われています。しかし、最初から法人を立てて不動産投資をする人もいます。個々の判断は税理士と相談する必要があります。

私は不動産用の法人３社と太陽光発電専用１社を作って運営していますので、実際にどんなメリットがあるのかお話ししましょう。

■法人化のメリット

①個人の適用税率と法人税率

私の場合、個人の税率が「半端なく」高くなってしまい、個人の確定申告で納税額を税理士から伝えられると、予測していたとは言え生理的には納得できない額となります。

一方、法人は世界的に法人税の引き下げ傾向があり、日本の税率も低下傾向にあります。そのため、まあこのくらいの税率なら仕方ないだろうというレベルです。

つまり、法人化の一番大きなメリットは、**法人税率が個人の税率より低くなる**ことです。

でも、ここで注意が必要です。メリットは「法人税率は個人の税率より低い」ことですが、個人の税率は個々の所得によって違ってきますので、法人税率より個人税率のほうが低い方にはメリットはありません。やたらと法人化を推奨する自称専門家の方もいますが、法人化する前に今一度計算してみることが必要です。

②役員報酬、従業員給与支払いで所得分散

青色申告では専従者給与が条件付きで認められましたが、法人であれば、その条件が緩和されます。労働の対価として相当であれば給与支払いが可能であり、もちろん全額損金処理できますし、役員報酬も決算後3か月以内に届け出をすれば認められます。

そのため、役員報酬、給与支払いの条件を満たす人がいれば所得分散の効果も期待できます。

ただし、役員報酬や給与が一定の条件を超えれば、**健康保険や厚生年金などの社会保険への加入が義務**となります。社会保険は雇用主との折半、つまり従業員への給与から社会保険料として2万円徴取したらそれに2万円を加えて納付することになります。

会社員の感覚で社会保険料が高いなあと感じている方もいるかもしれませんが、ほぼ同額を勤め先も払っています。自分で法人を設立すると、その「ほぼ同額」を自分の法人が払うことになりますので、個人の負担と法人の負担を合わせると大きな額になります。「税金は節約できたけれど、社会保険料を考えると実は負担が増えてしまった」という話にもなりかねませんので、社会保険加入に該当する役員報酬や給与支払いがある場合は、社会保険料も考慮に入れて計算することが大切です。

③経費計上の範囲拡大

個人でも事業に関する経費は認められることは同じですが、法人の方が定型的に認められる傾向があります。

たとえば個人で車を所有し、不動産賃貸業のためとしてその減価償却を計上する場合、個人の私的使用と事業での使用について按分されることが多くなりますが、法人の所有とした場合だと、按分まで求められることは少ないと思います。

また、掛け捨ての生命保険は個人では一定金額の所得控除しか認められていませんが、法人では保険料全額が経費として計上できます。

■法人化のデメリット

しかし、良いことだけではありません。

司法書士に法人設立を依頼すれば20万円前後の費用がかかりますし、税務申告も**税理士**にお願いすれば毎年20万円前後の報酬が必要となります。

さらに、**法人住民税**の均等割は赤字でも支払わなければなりません。そのため、所得が大きくないのに法人化すると経費倒れになることもありますので、慎重に検討することが大切です。

また、個人事業レベルの規模で節税の手段のみを目的として法人を作った場合、大きな勘違いをしていることがあります。それは「法人税率が個人税率より低いから節税になる」と思い込んでいることです。

たとえば所得が1000万円、個人税率が30％、法人税率が20％とします。

決算をして申告すると、税引後は次のようになります

・個人……所得1000万円　税金300万円　税引後700万円
・法人……所得1000万円　税金200万円　税引後800万円

これだけ見ると法人が得のように見えます。つまり節税はできたと思えるかもしれません。

でも、この税引後のお金の所有権は誰が持っていて、誰が使えるのでしょうか。

個人の税引後700万円はもちろん個人の所有ですし、使い道は自由です。しかし、法人に残った800万円は個人のお金ではありません。つまり、この法人の所有者は社長であるあな

たであっても、**法人に残ったお金はあなた個人のお金ではない**ということです。

もし、この税引後の８００万円をあなた個人のものにしたいなら、株主であるあなたへ配当金として分配するか、翌期の役員報酬として支払うことが必要です。

しかし、配当であれ役員報酬であれ、個人に支払うときは個人の所得となり、個人として改めて納税することになります。税率が30％なら税金を引かれて５６０万円が手取りとなります。こんな感じです。

・個人……税金３００万円　税引後７００万円
・法人……税金２００万円　税引後８００万円
　　　　その後個人所得とした場合の手取りは５６０万円

つまり、最後に自分の手元にお金をもって来ることを最終目的と考えると、法人税率が所得税率より低かったとしても、**結果として余分に税金を払ってしまう**こともあるのです。

この、「法人で法人税を取られ、個人でまた所得税を取られる」状況を二重課税[*]と言います。

＊配当金は法人税支払後のお金から支払われ、配当を受けた人は個人の所得となるため、二重課税となる。一方、役員報酬は損金計上されるため、形式的には二重課税とは言えな

いが、高い個人税率を回避するために法人で利益を計上すると税引後のお金（利益剰余金）は法人のものとなり、そのお金を個人へ移転する際には個人の所得となってしまうため、実質的には二重課税となる。

■投資効率の最適化を目指す総合格闘技

このように不動産投資はある程度以上の規模の賃貸事業であるため、個人であれば累進課税、法人設立では二重課税など、**税の問題**が投資の最終成果に大きく影響します。

また、税に限らず**資金調達**ではいかに金利を低く抑えることができるのか、また継続的に資金を調達するために金融機関から高評価を得られる決算や財務状態をどうやって継続させるかなど、規模が大きくなればなるほど、さまざまな知識が要求されてきます。

このように不動産投資は賃貸事業の運営に加え、金融、税制という複雑なルールの中で**投資効率の最適化を目指す総合格闘技**です。

難しく感じられる面もあるかと思いますが、複雑なルールの中で最適解を見つける過程は、知的で探求心を刺激されることでもあります。

不動産
投資
コラム

不動産投資を運送業にあてはめて考えてみる

一般に不動産投資と言えば中古物件への投資が主流ですが、私自身は新築物件への投資にシフトしています。その理由を少し感覚的にお話しします。

たとえば運送業を始めるとき、必要なのはトラックと運転手です。当初は自分自身が運転することにして、資本もないのでトラックは600万する新車を買わずに200万の中古を買って始めるのが手堅いのではないでしょうか。

不動産投資で言えば小規模の中古物件から始めるのと同じです。

中古トラックのちょっとした故障は修理工場に出さず自分で直して費用を節約します。不動産ならDIYでリフォームするイメージです。荷主も付き、売上も順調に伸びていくと、さらにトラックが必要になってきます。でも、資金力が弱い間は中古トラックの台数を増やしていくでしょう。

しかし、一定規模になって資金にも余裕ができたとき、中古トラックを購入するでしょうか。

長期的に安定経営を目指すのなら、高いけれども10年くらいは大きな故障もなく燃費も良い新車に切り替えていくでしょう。

この視点で不動産投資をみると、資金的に安定してきた段階で、さらに中古を買い進めることもできますが、新築物件を選択肢として考えることも必要ではないでしょうか。

新築物件は高額になり、表面的な利回りは低くなります。また、当然ながら、新築であれば何でも良いということでもありません。

しかし、資産価値があり、突発的な費用発生の少ない新築に巡り合えば、新築をやってみることも必要だと思うのです。

表面的な利回りとうわべだけのキャッシュに囚われず、保有資産の質、価値を向上させていく視点から、自分の不動産投資全体を俯瞰してみることも大切だと考えます。

（沢孝史）

第5章 まとめ

株式投資を始めるなら……

株式投資の税制は単純で、税率は20%ほどと、仮想通貨などに比べて税金面で優遇されている。

NISA、iDeCoなどの制度も研究して、より目的にあった有利なものを選ぼう。

不動産投資を始めるなら……

不動産投資とは、不動産賃貸事業を運営することだ。金融、税制という複雑なルールの中で投資効率の最適化を目指す総合格闘技であることを理解して、自分にとっての最適解を見つけよう。

第6章 成功する投資スタンスはこれだ

株式投資の考え方には、大きく分けてファンダメンタル派とテクニカル派があります。会社の業績や資産価値を見て割安な成長株に投資するバリュー株投資は、ファンダメンタル派の王道です。

不動産投資にはさまざまなスタンスがありますが、結局は「あなたを追いかけてくる2匹の鬼から逃げ切れるかどうか」が成否を決めると考えています。

【株式投資】やはりファンダメンタル派の「バリュー株投資」

■500円で売られている1000円札を見つける

投資スタンスには、大きく分けて「ファンダメンタル派」と「テクニカル派」が存在します。前者は会社の業績や資産価値を見積もって、割安感や成長性に投資する方法です。後者は、株価チャートなどを見て、株価が変動するタイミングを見極めて投資する方法です。

私がおすすめする「バリュー株投資」は断然ファンダメンタル派です。テクニカル派を否定するわけではありませんが、これを行うには市場が開いている間は画面に張り付いていなければならず、仕事や生活に大きな影響が出てしまいます。投資に多くの時間を割きたくない人には必ずしも向いていないのです。また、株価の動きの予測に正解はなく、成功している人でも勘に頼っている部分が大きいのが実情です。

「短期・直感的」なテクニカル派に対し、ファンダメンタル派は「長期・論理的」なものです。短期的な株価の動きは基本的にランダムですが、長期で見れば企業の利益を反映するものです。したがって、利益を生み出し続ける企業に投資していれば、一時的な株価の変動はあるにせよ、やがて**利益に見合った株価に落ち着く**のです。

例えば、純利益１０００億円を出し続ける会社の時価総額が、いつまでも１５００億円に放置されることはないのです。

毎年１０００億円の純利益を出し続ける会社なら、適正な時価総額の水準は１・５兆円（ＰＥＲ15倍）程度と推定できます。発行済み株式数が10億株なら適正株価は１５００円（１・５兆円÷10億株）となり、それ以下の株価で取引されているのなら、その会社は「割安」と見ることができます。

この会社の現在の株価が１０００円だとしたら、５００円分「割引価格」で購入することができます。この５００円（１５００円－１０００円）を、バリュー株投資では「安全域」と呼びます。やがてこの差に市場が気づくと、１０００円で買った投資家は５００円分の利益を得る事ができるのです。

ただし、すべての企業がＰＥＲ15倍で取引されるわけではありません。成長性のある企業ならもっと高くても許容されます。例えば、今期の利益が１０００億円でも、来期に２０００億円になるのなら、15倍の2倍となるＰＥＲ30倍までならまだ割安と言うことができます。反対に、来期の利益が５００億円になってしまうのなら、ＰＥＲ７・５倍以上なら割高と言えるのです。このように、株価は常に将来の見通しを反映して動きます。

この投資手法においては、途中の株価変動はあまり関係がありません。買った時点よりも一時的に株価が下がってしまったとしても、やがて適正な価値を反映した株価になるのなら、表示される「含み損」は単なる参考値にすぎません。むしろ、より割引価格で買えるのなら、資金が続く限り買い増した方が良いということになります。

■企業は利益を再投資して成長する

企業が生み出す利益は、単に価値を算出する基準となるだけではありません。企業は稼いだ利益を配当するか、内部留保として事業に再投資します。利益は原則として株主のものですが、それをどう処分するかは経営者に任されているのです。

株主は、配当により直接的に利益を得ることができるため、配当は投資を判断する重要な要素となります。一方で、内部留保のメカニズムは配当以上に重要なものです。

例えば、1兆円の資本で1000億円の利益が出た場合、ROEは10%（1000億円÷1兆円）と計算できます。生み出した利益を資本に組み込んで再投資して翌年に同水準の利益を生めば、翌年の利益は1100億円（(1兆円+1000億円）×10%）となり、これが続けば10年後の利益は2594億円となります。利益を再投資することで10年で利益が2・5倍になり、株価が利益を反映するなら株価も2・5倍になるのです（表㉑）。

この利益成長はあくまで数字上の議論にすぎませんが、基本的なメカニズムはこのようなものです。これを見れば、利益が単なる一時的な指標ではなく、長期的な成長を牽引するための重要なドライバーであることがわかるでしょう。

この考え方に基づくと、私たちがすべきことは、**資本に対する利益率（ROE）の水準が高く、それを持続できる企業を、できるだけ長く持つ**ことだとわかるはずです。

■評価を得た企業の一時的下落を狙う

これだけ利益が成長するのであれば、成長企業ならPERの水準など気にせずに投資すれば良いという考え方もあります。まさにその点がファンダメンタル派の中でも考え方を二分するところです。

㉑内部留保のメカニズムは配当以上に重要

ROE=10%	資本	利益
0年目	10,000億円	1,000億円
1年目	11,000億円	1,100億円
2年目	12,100億円	1,210億円
3年目	13,310億円	1,331億円
4年目	14,641億円	1,464億円
5年目	16,105億円	1,611億円
6年目	17,716億円	1,772億円
7年目	19,487億円	1,949億円
8年目	21,436億円	2,144億円
9年目	23,579億円	2,358億円
10年目	25,937億円	2,594億円

例えば、数年で利益が2倍になるような勢いで成長するイケイケの企業は、成長が続く限りPERが30倍の株価でもおかしくありません。成長がずっと続くようなら、PER30倍が「適正水準」と言う

ことができるでしょう。

しかし、問題は成長が止まった時です。PER30倍が続くのは、あくまでその先の成長が見込めると判断される場合のみであり、もう成長性がないと判断された瞬間に「成長性プレミアム」が剝落してしまいます。成長企業が平凡な企業とみなされ、PER30倍が15倍にまで下がるだけで、利益が変わらなくても株価が半分になってしまいます。利益が少しでも減ろうものなら、さらに大きな株価下落に見舞われるでしょう。

バリュー株投資は、このような急激な変化を避けるものです。最初からPER15倍の銘柄に投資していれば、少なくともPERが切り下がることによる株価の下落は避けられます。あとは、利益が落ち込む可能性の低い企業を慎重に選べば良いのです。もちろん、その中で成長性がある企業を探し出せれば言うことはありません。

新興企業の中から、割安で成長性の高い企業を見つける方法もあります。しかし、有象無象の企業群から安定した利益を出し続ける企業を見つけることは容易ではありません。まず公表されている情報が少なく、一般の投資家から見えないところにとんでもない落とし穴が潜んでいることもあります。

そこで、私がおすすめするのが、**既に一定の評価を得ている企業が一時的な要因により値下がりしている時に投資すること**です。例えば、それまで順調に成長してきた企業が、一時的な成長の鈍化によりPERが低下した場合などです。

㉒ニトリ（9843）の株価収益率と値動き
（グラフ出典：Yahoo! ファイナンス）

決算年月	2009年2月	2010年2月	2011年2月	2012年2月	2013年2月	2014年2月	2015年2月	2016年2月	2017年2月	2018年2月
株価収益率（倍）	15.87	16.57	13.59	11.19	10.57	13.33	20.21	19.43	22.65	30.68
純利益（億円）	183	238	308	335	358	384	414	469	599	642

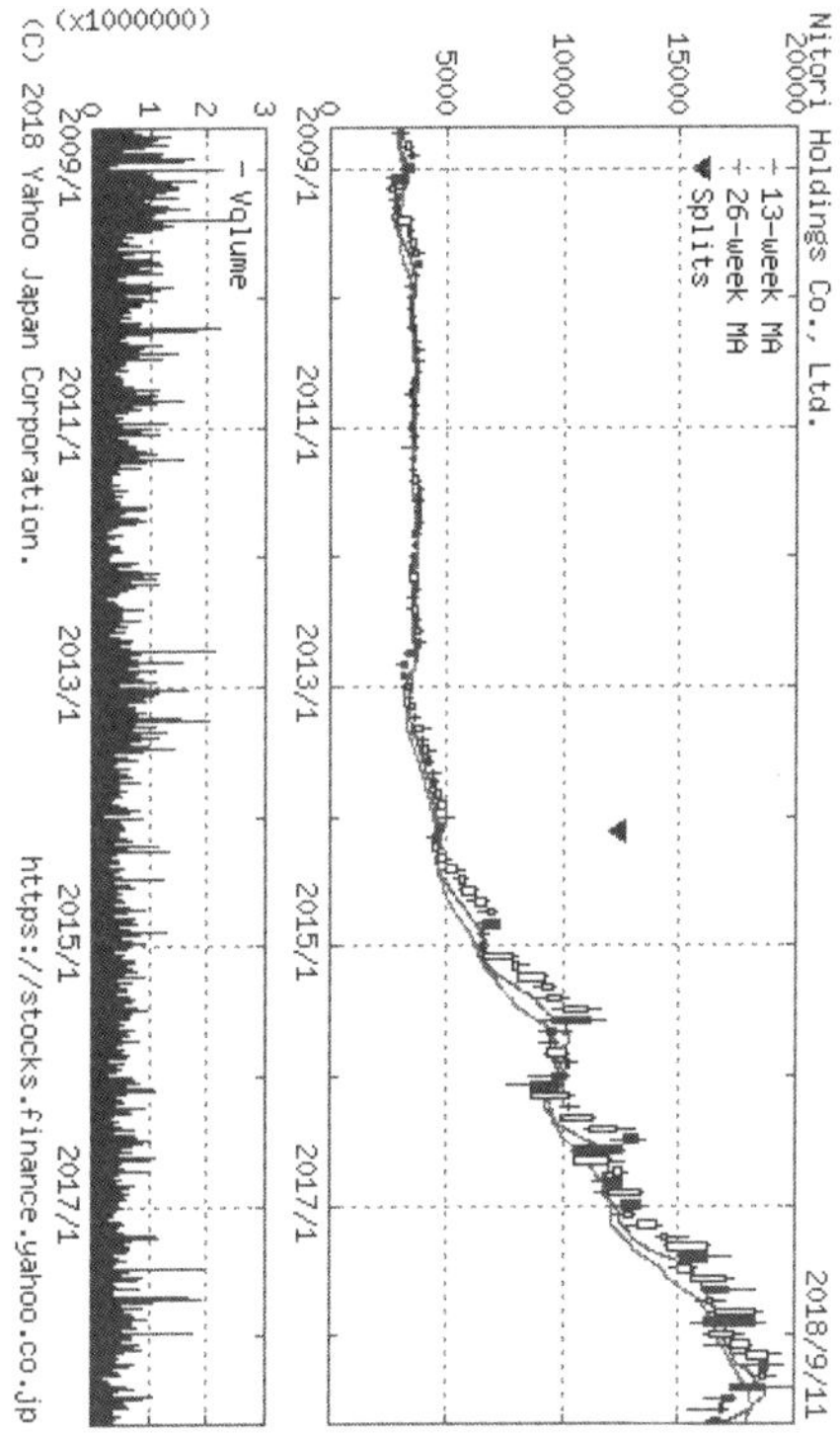

このような企業は、単に数字に現れていないだけで、将来の成長余力を十分に残していることがあります。利益の再投資の効果が必ずしも翌年すぐに表れるわけではないからです。もしそうでなくても、安定した利益を出し続ける限り、価値が減るリスクを軽減できます。

代表的な事例がニトリ（９８４３）です（表㉒）。北海道の小さな家具店からはじまって、家具業界では先進的なＳＰＡ（製造小売業）モデルを取り入れてあっという間に業界を席巻し、急成長を遂げました。それに伴い株価も上昇しましたが、成長率が低下してきたために、株価は横ばいを続けていました。しかし、勢いが鈍ったとは言えその間も利益は伸び続けましたから、ＰＥＲは低下します（株価が一定で利益が増えれば、分母の増大によりＰＥＲは低下）。

２０１０年に17倍だったＰＥＲは、２０１３年には10倍にまで低下しました。しかし、その間も増収増益を続け、ＲＯＥは20％もありました。ニトリを脅かす存在も見当たりませんでしたから、成長性が鈍化したとしても、ＰＥＲ10倍は明らかに割安と考えられたのです。

その後、２０１３年から２０１８年にかけて利益は１・８倍となり、さらにＰＥＲは３倍となる30倍に回復しました。その結果株価は約5倍（１・８×３）となり、株価の踊り場局面でも売らなかった投資家や割安さに目をつけて買った投資家が大きな利益を得ることになったのです。

この結果を見ると、**割安で成長性のある企業を長く持ち続ける**ことがいかに成果の鍵をにぎるか、おわかりいただけるでしょう。

■まずは「配当利回り」、それから「株式益回り」をチェック

そうは言っても、企業の成長性を見極めるのは難しいと感じる人も少なくないかもしれません。そう思う人は、まず配当を意識してみてください。

配当は、不確実な投資の世界で数少ない「ほぼ確実に得られるリターン」です。その源となるのは企業の利益ですから、成長性がなくても安定して利益を出し続ける企業は配当を払い続けられます。配当が払われている限り、株価の下値は限定的です。

目安になるのは、過去10年程度の業績です。過去10年間に利益が大きく減少していることがなく、配当も横ばいまたは増配を続けている会社なら比較的安定していると言うことができるでしょう。

そのような企業で、配当利回りが４％を超えるようであれば、低金利下のインカムゲイン狙いとしては申し分のない水準です。あとは、株価のことは気にせずに、ひたすらその企業を持ち続けることにしましょう。毎年得られる確実なリターンが、自信を深めてくれるはずです。

配当投資で自信が付いたら、少しずつ成長性も意識してみると良いでしょう。基本的には利益も配当と同じように株主のものですから、利益を配当と同じように考えると、ＰＥＲ10倍の企業の利回り（「**株式益回り**」と言います）は10％となります（ＰＥＲ＝株価÷１株あたり利益、株式益回り＝１株あたり利益÷株価）。

10％のリターンが得られる投資商品は、このご時世なかなかありません。不動産投資だったら掘り出し物の部類でしょう。

株式益回りを意識することで、株式投資の優位性がおわかりいただけると思います。

■来るべきチャンスを虎視眈々と待つ

では、あなたが初心者だとして、いつ株式投資を始めれば良いと思いますか。

私だったら、まず間違いなく「今すぐに」と答えるでしょう。別に投資を煽っているわけではありません。利益の再投資による企業の価値の増加を考えると、可能な限り早く始めた方が将来的により大きな資産になるからです。

まだ元手がないという人もいるでしょう。そんな人は、**まず元手を貯める**ことから始めてください。どんな立派な投資家でも、最初は貯蓄から始めています。あなたがサラリーマンなら、例えば給与の20％を天引きで貯蓄に回すことで、黙っていても資金が膨れ上がっていくはずです。

今や9兆円の資産を持つ**ウォーレン・バフェットですら、最初の資金は新聞配達でコツコツと貯めた**ものでした。

元手がある程度貯まったら、優良かつ割安と思える銘柄に投資してみましょう。一度投資したら、株価の動きは気にせずに、その会社が出す開示情報やニュースを良く観察します。出た情報が、その会社にどのような影響を与えそうか、自分なりに考えるのです。

投資してから株価が下がっても、心配する必要はありません。**優良な企業なら価値がなくなることはありません**から、やがて株価は戻ってくるでしょう。その間に利益が積み上がっていれば、価値そのものも増えていますから、さらに持ち続けることで株価の上昇も期待できます。

反対に、利益が増えなかったり、減っていたりするのであれば、最初の判断が間違っていたと考えて、他の銘柄に切り替える必要もあるでしょう。

長期の投資家にとって、**絶好の投資タイミングとなるのが、株価が暴落したとき**です。このようなときは、大多数の投資家が恐れおののき、株式投資を中断してしまいます。その後、株価は全く反応しなくなり、しばらく低迷します。

成功する投資家は、このようなときにこそ多くの株を買い入れます。企業の価値に注目していれば、株価の下落は絶好の買い時になるからです。誰も株を買いたがらない時には、大きな成長性を誇る優良株がバーゲンセールとなっています。

市場が低迷しているときは、そこまで優れた選球眼も要求されません。不況により潰れることさえなければ、大多数の銘柄は割安であり、市況の回復とともに株価は上昇します。

リーマン・ショック時には、日経平均株価が一時７０００円を切るまで下落しましたが、２０１５年には２万円台を回復しました。単純に日経平均株価を買っただけでも、約７年で２～３倍になった計算です。

このようなときに投資を始められればラッキーですが、初心者はいきなり大金を投じる知識と度胸を持っていません。ですから、チャンスを逃さないためには今すぐ投資を始めてその感覚を身に付けつつ、いざチャンスが来たときに資金を投入できるように余裕を持って準備しておくことが大切なのです。

ただし、もし安く買えたと思っても、すぐに上昇するわけではありません。しばらく株価が上がらないどころか、そこから更に下がってしまうこともあるでしょう。それでも大切なのは、決して理由なく売らないことです。

いくら良い投資をしていても、成果がいつ出るかは運に左右されます。そして、投資が開花する可能性は時間をかければかけるほど高まるのです。そのような意味で、投資で最も大切なことは「忍耐」だと私は断言します。

【不動産投資】不動産投資は追いかけっこ

第2章でお話ししたように、不動産投資にはさまざまな対象があり、個々に特徴が違ってきます。

私は最初、中古一棟物から不動産投資を始めましたが、今は新築一棟物を中心に投資しています。だからといって、中古物件から始めて、その後新築に移行するのがベストだと断言するつもりもありません。

どのタイプの不動産投資があなたにとって最適なのかは、ご自身の年齢、収入、資質、投資にかけられる時間、そして不動産を取り巻く社会情勢、経済情勢によって変わってきます。

もちろん、私のベストがあなたにとってのベストではないこともあります。私がそう言ったら、あなたは「確かにそうかもしれないけれど、ではどうしたら良いのか」と困ってしまうことでしょう。

そこで本章では、最初に私は何を指標にして不動産投資をしているのかについて述べ、その結果としての具体的な投資をお話しします。

■私が意識する大切なこと

最近私が思うのは、「不動産投資は追いかけっこ」だということです。

投資というと数値や様々な指標で説明されることが多いのですが、あえてイメージを摑んでもらうために、ここでは「追いかけっこ」というたとえを使いたいと思います。追いかけっこで**勝者となるのは「最後まで逃げ切れた者」**ですね。

逃げるのは不動産投資を始めたあなた自身、そして追いかけてくる鬼は投資したことによってあなたを捕まえようとするマイナスの事象です。

この不動産投資の追いかけっこ、勝敗の決め手は逃げ手と鬼の速度と持続力です。

逃げ手の速度とは、投資することによって得られる家賃収入、それから鬼が近づいてきても振り切れる経済力です。

鬼は2匹いますが、とりあえず赤鬼と青鬼としましょう。

1匹目の赤鬼とは、入ってくる家賃収入を奪いにくるものです。こいつは油断がなりません。空室になれば家賃そのものが入ってこなくなるし、今までよりも家賃が下がればその後の収入はずっと減ったままです。また、家賃が入って来ても、固定資産税は必ず払わなければなりませんし、部屋が汚れたり設備が壊れればクリーニング代や修繕費も必要です。

また、普段は必要なくても十数年に1度は大規模修繕も行う必要があるでしょう。さらに（おそらくこれが一番大きいのですが）、借入金で購入するのであれば、元金の返済と利息の支払いも発生します。

すべての支払いをして、家賃が残ったからといって安心してはいけません。

年に1度は税務申告をして、所得が発生していれば所得税を支払う必要があります。

お金が出ていく話は辛いですね。でも、赤鬼が取り上げる分以上に家賃があれば、不動産用の通帳残高は毎月増えていくので辛くても我慢できるものです。

赤鬼対策は、お金が足りなくならないかをみればよいので、資金繰りを中心として詳細な検討をすれば鬼に捕まるか逃げ切れるのかは予測することができます。

計算すると毎月お金が増えていくのであれば、すごく良いと思うのも無理はありません。

そう、青鬼の存在さえなければ。

青鬼、それは持っている不動産の価格を削り取っていくものです。

つまり、経済情勢などの外部環境が変わらなければ、物件は古くなれば価格は下がるということです。ほぼ同じ建物、同じ間取りで2軒が隣接していたとして、片方が新築でもう一方が築10年だったら、築10年の物件は家賃が下がるし同時に物件価格も安くなりますよね。

赤鬼からうまく逃れて毎月お金がたまり、借入金も少しずつ返していけたとしても、それ以上に物件の価格が下がっていくなら、結局は利益は出ていないことになります。

赤鬼から一生懸命逃げ回った労力が、すべて無駄になってしまいます。

この2匹の鬼、赤鬼と青鬼の存在を常に意識して物件を見ると、どんな物件に投資すればいいのかがわかってくるのです。

■赤鬼、青鬼に捕まらない投資とは

では、どうやったらこの鬼たちから逃げることができるのでしょう。

赤鬼に捕まらないためには詳細なシミュレーションを行い、長期にわたってキャッシュアウトしない万全な資金計画を考えます。

借入金で投資をする場合は金利が安く、返済期間に余裕があれば資金繰りとしては安心ですが、返済期間を延ばしすぎると今度は元金の返済が遅くなり、青鬼が忍び寄ってきます。

つまり、

赤鬼対策は……**余裕を持った資金計画**
青鬼対策は……**元金返済が物件の下落スピードより早いこと**

この2つがポイントになるのです。

そのためには、キャッシュアウトしないだけの**高い利回りを確保するか**、利回りが低くて投資額を全額借入金で賄うとキャッシュアウトする恐れがあるなら、そうならないレベルまで**自己資金を投入**します。これで赤鬼はクリアです。

次に自己資金と元金返済、そしてキャッシュフローを合計し、将来の累計額、たとえば、5年、10年、15年と計算してみます。

そして、その物件の立地、需要、建物構造をもとにその**物件の将来価格を予測**し、その下落予測価格がその都度の累計額以内に収まっていれば青鬼からも逃げ切れます。

つまり、この赤鬼、青鬼から逃げられる精度の高い物件に投資をすれば少なくとも「負けない不動産投資」をすることができるのです。

この負けない投資として私が選んだのは、最初は逃げ切れる中古一棟物投資であり、最近ではニーズに合致した満足度の高い新築物件への投資です。

■逃げ切れる中古一棟物投資

私が最初に購入した物件は、地方都市のハウスメーカーによる築浅軽量鉄骨アパートでした。

まったくの素人だった私が投資をする決断に至ったのは、次のように考えたからです。

①築10年にも満たない新しいアパートだった

↓内装の修繕費はかかるかもしれないが、すぐに大きな修繕は必要なかった。
②ファミリータイプで家賃も割高ではなかった
↓特段の事情がなければ長く住んでくれるだろう。
③土地が広く周辺には戸建てが沢山ある
↓長く持って最後に更地にすれば一定の価格で売却できる。

その一方で、築浅物件だったため利回りは8％程度とそれほど高くありませんでした。当時、築20年前後の物件なら利回りは10％くらいだったので、その点ではちょっと見劣りしています。でも、築20年の物件をこれから10年間所有すると築30年になり、大きな修繕も必要になるかもしれませんし、建て替えの時期が近づいてくるかもしれません。築10年なら10年持っても築20年、まだ寿命は来ていないでしょう。

そして、ふと思ったのです。築20年の物件が利回り10％で売れるとして、目の前には築10年・利回り8％の物件がある。本当はどっちが得なのだろう、と。

そこでこの2つについて、次のようにシミュレーションしてみました。

どちらも年間家賃収入400万円の物件だと仮定すると、築10年・利回り8％の物件なら価格は5000万円。

築20年・利回り10％の物件だと、その分家賃が下がるだろうから家賃は10％ダウンするとして年間収入は３６０万円。物件価格は３６００万円になります。

その差は１４００万円です。

でも、築10年の物件を10年間持ち、満室で家賃も下がらないと仮定すれば10年で４０００万円入ってくる。空室もあり家賃も下がることを考慮しても、３５００万円くらいにはなるぞ。

固定資産税や借入金利、修繕費などの費用、そして所得税も考慮して、10年間で１５００万円が出ていくと計算して、10年間の家賃収入３５００万円から差し引くと残りは２０００万円。

物件の価格下落が１４００万円だとしても６００万円はプラスになる。つまり築10年・利回り８％のほうが築20年・利回り10％よりも有利になるのではないか。

まして大きな修繕も必要ないし、新しいほうが入居者も喜んでくれるだろう。


当時はこのように論理的に考えたわけではありませんが、利回りが多少落ちても新しいほうが得になるように感じていたのです。

でも、これが築10年で利回りが６％くらいまで低くなると、築20年・利回り10％に軍配が上がります。また最近の収益物件バブルでは築30年・利回り８％でも売れましたから、10年前に利回り６％で投資した人でも利益は出たかもしれません。

バブルが発生すると価格が高騰し、それに伴って物件の利回りは下がっていきます。その価格が将来もずっと維持できれば利回りが低くてもプラスで終われるかもしれませんが、その状態が続く保証はありません。

しかし、不動産の場合、その立地に賃貸需要があれば、最低限の底値も存在しています。

また、価格が下がり一定以上の利回りになると、リスクをとってその物件を買うという投資家も現われます。

そこで、私は一定期間所有した場合に得られる金額と値下げして必ず売れる金額をシミュレーションし、前者の額が大きければ損失は発生しない、つまり逃げ切れる投資物件であると判断して投資をしてきました。

この手法で購入してきた物件は10棟あり、うち9棟はすでに売却しています。大半は購入価格より安く手放していますが、その間の家賃収入を加味すればすべて利益を出しています。

地味な投資ですが、リスクを最小にして時間をかけてリターンを得る手法としては有効だと考えます。

■ニーズに合致した満足度の高い新築一棟物投資へ

このようにして10年ほど中古物件を1年に1棟ペースで買い進めてきました。

そして、この築年数と収益物件の市場価格（利回り）にはアンバランスな面があることに気づき、「だったら中古を買うのではなく新築に投資するほうが効率が良いのではないか」と思って始めたのが新築不動産投資です。

投資の採算性、具体的にはどのくらい利回りを確保できれば負けない投資になるのかを考えて行うのは中古投資と同じですが、特に新築の場合はニーズに合わせ満足度の高い物件を企画することによって、よりよい投資プランをより精度高く実現することが可能となります。

そのために私がやっている主なポイントは次の５つです。

①ニーズを的確に摑む

表面的な利回りだけを求めず、本当に入居者が望んでいるスペックの部屋を提供します。

②中長期の需要動向を予測し、安定した需要を取り込む

日本の賃貸需要全体は下降していきます。その中で生き残る地域のみに投資をします。

③短期的な利益を求めず、時間を味方につけてじっくり利益を積み上げる

新築のとき、割高な家賃で最初に大きな利回りを確保できたと声高に騒いでいる人達もいます。実際、築浅で家賃６万円が相場のところ、10％高い６万６０００円で入居を決めたと自慢する人もいます。でも、よく聞いてみると家賃を頑張ったので、満室まで平均すると３か月かかったなどと堂々と話しています。

私は新築でも完成時満室にこだわります。そのため、家賃は新築だからといって割高に設定せず、築浅家賃と同じにします。入居者にしてみれば築浅より新築のほうが良いのでおのずと完成時満室になるのです。

単身物件の場合、平均の入居期間は3年前後でしょう。

そこで計算してみると家賃の割増し分6000円×36か月は21万6000円ですが、3か月空室だったのですから、そこから空室期間の家賃6万円×3か月を引くと、家賃6万円で完成時満室だった場合との差は3万6000円にしかなりません。

そんな小さなお金のために使える部屋を3か月空転させ、さらに入居者からは割高な家賃を徴収するなんて、時代劇の悪代官と悪徳商人を連想してしまうのは私だけでしょうか。

これをやって儲かるのは、見た目の利回りを大きく見せて割高な価格で物件を売りたい悪徳業者くらいでしょう。健全な投資家が真似するものではありません。

また**新築プレミア家賃には大きな副作用**があります。

最初だけは利回りが高く見えるため、それに合わせて賃貸事業計画を作ってしまうことになりがちです。数年後に劇的に下がることも織り込んだ長期計画になっていれば問題はありませんが、特に収益物件の販売を目的とした業者さんのシミュレーションでは、家賃下落幅を小さく見積っていたり、まったく考慮していないものさえあります。

金融機関のチェックも甘い場合、過大な家賃見込をベースに融資審査が通ってしまうこともあります。その極端な例が「かぼちゃの馬車」です。

一方、長期、少なくとも築10年までは95％以上の入居率を維持し、それ以降も90％を下回らないことを最低条件として、そのぶん家賃下落を見込んで収支を計画すれば、ぶれることはほとんどありません。

④ブルーオーシャンがいつかレッドオーシャンに変わっても、負けない物件を作る

「この立地でこの間取りを造れば高い利回りが望める！　これで私の不動産投資は成功だ」と安心する人もいます。

でも、そんなに高い利回りが取れるのであれば、他の投資家も群がってきます。

たとえば私は静岡市を中心に投資していますが、十数年前、静岡駅から徒歩15分程度であれば、駐車場が必要ない転勤者向けの単身物件が割高な家賃で簡単に満室になりました。

しかし、ブルーオーシャンは続かず、その後、似たような新築が乱立した結果、街には駐車場なしの単身物件が余っています。家賃も当時の相場から15〜20％下がってしまいました。

そのため、私は十数年前から単身物件を作っていましたが、一部の平均的な物件はすでに売却し、利益を確定させています。

そんな環境の中でも、**現在も満室稼働している物件**もあります。

その物件は間取りに特徴があり、１Ｋでありながらベランダを小さくして居室とは別に２畳

ほどのベッドスペースを確保しています。1Kの家賃でありながら1LDK感覚で住めるのが人気のようです。

ブルーオーシャンは時間とともにレッドオーシャンに変わりますが、特徴があり使いやすい物件は入居者に支持されるのです。

⑤売却前提で利益を考えない

将来の売却価格を前提に「良い投資ですよ」と勧めてくる業者さんもいます。良心的と標榜するところでも「10年で5～10％程度しかダウンしない」などと言い、強気の業者になると「価格は変わらない、むしろ上がるかもしれない」とさえ言います。

もちろん、断言しないように巧みなセールストークを使いますし、パンフレットではご丁寧にもっと下がる場合の一覧表もついていたりします。おそらく問題になったときに「下がる可能性も話しました。お手元の書面にも表がありますよね」と言うつもりでしょう。

将来の物件価格は誰にも分かりません。値上がりや下がらないことを前提としなければならない投資はしないことです。

■青鬼の特徴を知って投資をしよう

青鬼に気をつけてと言っている私でも、「○△年後、この物件は絶対に△千万より下がることはありません」と言い切れるわけではありません。

私は不動産投資を始めてからリーマン・ショックを経験していますが、その直後から数年の間、私の予想以上に収益物件相場が下落した時期がありました。

その後、収益性、資産性から妥当と思われる相場まで戻りましたが、このように大きな経済、社会状況の変化があるときには想定以下まで下がることがあります。

こうした時期にどうしても売らなければならない事情が発生すると、大きく損失が発生することになりかねません。でも、そのときに売らなければ青鬼に捕まることはありません。

また青鬼は一時的に巨大化することがあったとしても平時には元に戻りますので、損失を出すとわかっていながらどうしても売らなければならない状況に追い込まれないように、ふだんから赤鬼対策、つまり**余裕を持った資金計画が必要**なのです。

株式投資コラム

株式投資の考え方で不動産投資を見ると

この本を書くにあたって、不動産投資に関する本をいくつか読みました。その中で、「価格と家賃200倍の法則」というものを見つけました(＊)。これは、物件価格に対する適正な家賃水準を表すもので、例えば2000万円の物件なら家賃は1か月10万円ということになります。これを1年に直すと、年間利回りは単純計算で6％ということになります。

それでは、株式の場合はどうでしょう。株式のPER(株価÷1株あたり利益)の平均値は約15倍と言われます。これを利回りに直したものを「株式益回り」と言い、PERの逆数(1株あたり利益÷株価)となります。PER15倍の株式益回りは、1÷15≒6・67％です。おや、何だか不動産の利回りに近づいてきました。

また、価格変動を加味した株式市場の長期的な平均リターンは6〜7％程度と言われます。

もう一歩進んで、不動産と株式の間であるREITを見てみましょう。REITは利益の9割以上を分配するため、分配金利回りがそのまま年間リターンということになります。過去10年間の平均分配金利回りを見ると3〜8％と幅がありますが、平均すると5〜6％程度になっていることがわかります。(参考：不動産証券化協会)

これをまとめると、次のようになります。

不動産：6％

株式(株式益回り)：6・67％

株式(長期リターン)：6〜7％

REIT：5〜6％

おおよそ6％前後に集中していることがおわかりいただけるでしょう。

世界には、様々な投資家があらゆる収益機会を虎視眈々と狙っています。株式と不動産の両方を手がけるファンドも少なくないでしょう。そうした中で、高すぎる資産には買いが集まってやがて利回りが低下し、逆に低すぎる資産からは資金が離れて利回りが高まります。その結果、株式も不動産も、流れの中で同程度の水準に収斂していくものと考えられます。

もちろん、不動産、株式、REITとそれぞれで性質が異なるため、単純に比較することはできません。それでも、長い期間の中では年6%程度の利回りが得られる可能性が高いと言えるなら、どんな資産であっても投資をする有益性に異論を挟む余地はないのではないでしょうか。

「たった6%?」と思う人もいるかもしれません。しかし、投資で力を発揮するのはリターンの再投資による「複利効果」です。年6%なら、10年で1・8倍、20年で3・2倍、30年で5・7倍になります。つまり、早く始めるほど、資産が膨らむ可能性が大きくなるのです。

不動産でも株でも構いません。あなたも今すぐ投資を始めてみましょう。


（栫井駿介）

＊菅井敏之『金の卵を生むニワトリを持ちなさい』（アスコム）

第6章 まとめ

株式投資を始めるなら……

さまざまな指標や情報をチェックして、いま500円で売られている1000円札を見つけよう。忍耐強く持ち続けることが大事。

不動産投資を始めるなら……

あなたを追いかけてくる二匹の鬼、赤鬼（家賃収入を削るもの）と青鬼（物件価値を減らすもの）の正体を見きわめて、鬼ごっこから逃げ切ろう。

第7章

投資にも相性がある　あなたにｆｉｔする投資はどっち？

投資家に求められる資質とは、どのようなものでしょうか。株式投資と不動産投資、それぞれに必要な能力やスキルについて考えていきます。

【株式投資】長期投資に必要な3つの力

この章では、株式投資に必要な資質について述べていきたいと思います。

株式投資とひとことで言っても、これまで説明してきたように様々な方法があり、それぞれの方法によって求められる資質は異なります。ここでは長期投資家に求められる資質について解説します。

長期投資では、優良な銘柄をなるべく安い価格で買い、それを持ち続けることが求められます。したがって、必要なスキルは、「優良な銘柄を選ぶ力」「割安なタイミングを判断する力」「持ち続ける力」に因数分解できます。

■優良な銘柄を選ぶ力

優良な銘柄を選ぶ力を養うには、論理的な思考が求められます。

ただなんとなく企業を眺めていても、投資対象として優良かどうかを見極めることはできません。そのため、まずはその企業の業績を見ることになります。

企業の業績は「**決算短信**」や「**有価証券報告書**」で確認することができます。そこには様々な情報が記載されていますが、ここで使うのは「**損益計算書**」「**貸借対照表**」「**キャッシュフロー計算書**」です。言葉だけは聞いたことがあるのではないでしょうか。

これらを読む能力を付けるためには、簿記や会計の知識があればもちろん役立ちますが、その経験がなかったとしても何社もの決算書を読むうちに理解できるようになります。なぜなら、ここで使っているのはビジネス文書を読む能力と単純な四則演算にすぎないからです。

損益計算書は、会計年度における売上高や費用、利益を示すものです。企業の価値は最終的な利益で決まりますから、損益計算書を見れば利益がどのような流れで生まれるのかを理解できます。

飲食店で「この店の原価率は30％」などと聞くことがあるでしょう。これは損益計算書を見ればわかります（表㉓）。

損益計算書の一番先頭に来るのが「**売上高**」で、次に来るのが「**売上原価**」です。「**原価率**」は「売上原価÷売上高」で計算することができます。また、売上高から売上原価を引いたものを「**売上総利益**」と呼びます。

原価率が高い会社と低い会社では、どちらに投資したいと思いますか？　一概には言えませんが、より多くの利益を出すことを考えると、原価率が低いほうが利益を出しやすいと言えます。

さらに進んで、売上総利益から「販売費および一般管理費（販管費）」を引いたものを「**営業利益**」と呼びます。販管費は、人件費などの商品とは直接結び付けられない費用を示します。「営業利益÷売上高」で示される「**営業利益率**」は、企業の事業の実力を表す指標として頻繁に用いられます。

原価や営業利益を売上高に対する割合で見ていくことで、その企業が利益を出しやすい体質かそうでないかを見分けることができます。同じ飲食店なら、営業利益率が５％の企業より10％の企業の方が、利益を出しやすい体質と言えるのです。

財務諸表の見方については他書に譲りますが、「売上高や総資産に対する割合」「同業他社との比較」を行うことで、数字の上ではその会社が優良かどうかを見分けることができます。

大事なのは、これを多くの企業で繰り返すことです。数多くの企業を見れば見るほど、指標を見ただけで「何でこの会社はこんなにいい数字を出しているんだろう」という感覚が身につくようになり、素晴らしい銘柄の発掘につながります。

細かい数字については、あまり難しく考える必要もありません。要するに、高い利益率があり、業績が右肩上がりで伸びていて、借金が多すぎない企業を見つければ良いのです。

重要なのは、過去の業績を細かく分析するよりも、将来を見通すことです。企業の価値は将来生み出す利益の総和で決まりますから、現在の業績をもとに、これから伸びるのかを判断することが必要になります。

㉓サイゼリヤ（7581）の損益計算書

株式会社サイゼリヤ(7581) 2018年８月期 決算短信

（２）連結損益計算書及び連結包括利益計算書

連結損益計算書

（単位：百万円）

	前連結会計年度 (自 2016年９月１日 至 2017年８月31日)	当連結会計年度 (自 2017年９月１日 至 2018年８月31日)
売上高	148,306	154,063
売上原価	52,528	56,268
売上総利益	95,777	97,795
販売費及び一般管理費	84,561	89,154
営業利益	11,216	8,640
営業外収益		
受取利息	188	228
受取配当金	120	0
補助金収入	184	30
デリバティブ評価益	144	―
その他	100	70
営業外収益合計	737	329
営業外費用		
支払利息	2	2
為替差損	14	30
その他	51	41
営業外費用合計	68	74
経常利益	11,885	8,895
特別利益		
補償金収入	―	70
関係会社株式売却益	115	―
新株予約権戻入益	4	5
特別利益合計	120	76
特別損失		
減損損失	359	1,228
固定資産除却損	52	81
店舗閉店損失	57	58
株式給付引当金繰入額	227	―
特別損失合計	697	1,368
税金等調整前当期純利益	11,309	7,603
法人税、住民税及び事業税	3,970	2,676
法人税等調整額	△157	△147
法人税等合計	3,813	2,529
当期純利益	7,496	5,074
親会社株主に帰属する当期純利益	7,496	5,074

ここで生きてくるのが、あなたが**仕事や私生活で積んできた経験**です。自動車会社に長年勤めた人なら、どの自動車メーカーが優良で、これからこの業界で何が起こりそうかを一般の人より理解しているでしょう。もしかしたら、証券会社のアナリストより詳しいかもしれません。自分にとって身近で優良な企業が割安な株価で放置されているとしたら、絶好の買い時かもしれません。改めて調べるまでもなく、高い確率でその企業の将来を見通すことができるでしょう。

また、街を歩いていて行列ができていたら、何がそんなに流行っているのかを調べると良いでしょう。並んでいるお店を運営しているのが上場企業だったら、まだどのアナリストも気づいていない絶好の投資対象かもしれません。それがもし、上場企業ではなかったとしても、同じことをやっている上場企業を探してみましょう。

そう思ってみると、**街は投資のヒントで満ち溢れている**のです。外に出て好奇心を持つことも、投資において重要なスキルの一つと言えるでしょう。

■割安なタイミングを判断する力

長期投資で成果を左右するのは「いくらで買うか」ということです。もちろん、同じ銘柄を持つなら安く買えるにこしたことはありません。

日々株価が動いている中で買値を自分で決めることはできませんから、私たちは適切なタイミングを選ばなければなりません。

タイミングと言うと、どうしても株価チャートを意識してしまいがちですが、私はそれよりも「**人の心を読む力**」が大切だと考えています。チャートはその副産物にすぎません。

例えば、株価の上昇は、投資家の心理が盛り上がっていることを意味しています。このような時は株価が上がれば上がるほど、企業が持っている本来の価値よりも割高になってしまいがちです。

短期の投資だと、それでも上がるなら買おうと考えるのでしょうが、長期投資ではそうはいきません。浮かれた株価に手を出すと、やがてその流れが反転した時に痛い目を見ることになります。株価はいつまでも上がり続けるわけではないのです。

なるべく安く買おうと思ったら、株価が大きく下落した時に買うべきです。例えば、2008年のリーマン・ショックで株価は大暴落しましたが、その時に買った投資家は10年経って大きく資産を伸ばしています。

ところが、いざ株価の暴落を前にすると、多くの投資家は足がすくんでしまいます。一度大きく下がると、また同じことが起こるのではないかと疑心暗鬼になってしまうからです。不安が不安を呼び、株価はさらに低迷を続けます。

しかし、ここで自分も同じように後ろ向きになっていては、大きな成果を逃してしまうことになります。長期投資家なら、目の前の不安に抗って、果敢に投資しなければならないのです。

長期的に見れば、株価は企業が持つ価値に収斂します。一方で、人々の心理状態により株価は必要以上に大きく下がることがあります。その状態を冷静に見つめて、最後は自分を信じて投資できるかどうかが成果を決めるのです。

このような行動を取るためには、人の意見に流されるようではいけません。人と違う行動ができるからこそ、平均を上回るリターンをあげることができるのです。その意味では「変わり者」「一匹狼」のような人の方が、成功する素質があると言えるでしょう。

人と違う行動を取ることについて、バフェットも以下のように言っています。

「私たちが買いを入れるのは、他の投資家がレミングのごとく一斉に売りに傾くときです」

■持ち続ける力

優良な企業を割安なタイミングで買ったら、あとはひたすら持ち続けるだけというのが長期投資です。

一見簡単に見えることですが、実はこれができない人がほとんどです。大部分の投資家はただ持っていれば良かったのに、早く売りすぎてしまったがために大きな利益を逃したという経験をしています。

なぜそんなに早く売ってしまうのでしょうか。それは、日々株価が動いていることと無縁ではないでしょう。

株価が下がると不安になり、売りたくなってしまいます。反対に株価が上がっても、利益を確定したくて小さな利益でも売ってしまいます。これを繰り返すことで、投資家はパフォーマンスを自ら下げているのです。

株価が動くことばかりが売る動機ではありません。全く動かないことも売る要因となりえます。自分が持っている銘柄の株価が全く動かない一方で他の株価が上昇していると、つい目移りしてしまうものです。しかし、これを繰り返していると持っていた銘柄の上昇のチャンスを逃してしまいます。

本当の長期投資家は、**企業の価値に投資しています**。したがって、価値よりも割安な株価が付いている限り、株を売る必要はないのです。優良な企業なら、持っている間に利益を積み上げることで価値を増やしてくれます。その成果は、数年後に株価に反映されればそれで十分なのです。

もし、株ではなく不動産に投資していたとしたら、あなたは頻繁に売買するでしょうか。手続きがはるかに大変ということもありますが、決してそんなことはしないでしょう。なぜなら、不動産は毎月家賃を生んでくれるからです。

株式投資も基本的にはこれと同じです。企業は毎日事業活動から利益を生んでいますから、その間はせっせとあなたに価値をもたらし続けています。株価の動きは、この価値とはほとんど関係がないのです。

逆に言えば、不動産投資は表面的な価格変動がないことが、長期で続けるためのメリットになっているのかもしれません。本当は昨日1億円で買った物件が今日売ろうと思ったら8000万円になっているかもしれないのですが、それは表面的にはわかりません。わからないからこそ、価格の変動には鈍感になれるのでしょう。

株式投資も不動産投資と同じような姿勢で臨むべきです。毎日動く株価を気にしていては、積極的な売り買いをしてしまいたくなります。これは結果的にパフォーマンスを下げるだけでなく、精神もすり減らしてしまいます。

一度買ったら、あとは放置しておけば良いのです。日々の株価の動きは関係ありません。いっそ全く見ないと心に決めてしまった方が良いでしょう。この「**鈍感力**」こそが、長期の株式投資に求められる精神面の相性だと思います。

■「やめずに続けられること」が最大のスキル

財務諸表や経営状況を見て優良な企業を探し、人々が恐れているタイミングに安い価格で仕込んであとは株価に鈍感になることが、長期投資で求められるスキル・相性だと説明しました。これらは決して難しいことではありません。財務諸表を見るスキルも簿記の資格が必要なわけではありませんし、何社も見ることでだんだんと分かるようになってくるでしょう。

人と違う行動を取ることや、株価の動きに鈍感になることも、意識さえしていれば経験を積むうちに身についてくることです。

何より大切なのは、**投資を決してやめずに続ける**ことです。長期投資では、成果が出るまでにとても長い時間がかかります。しかし、複利の効果があれば、時間をかければかけるほど、保有株の価値は増え続けるのです。

時間を味方につける長期投資なら、一度始めたものをやめてしまうのは非常にもったいないことです。相場は悪いときもあれば、必ず大きく上昇するタイミングもやってきます。その時、投資をやめずに市場に残っていることが、長期のパフォーマンスをあげるために最も必要なことだと考えます。

今すぐにでも投資を始めて、少しでも長く続けられること、これが長期投資における最大のスキルです。

【不動産投資】逃げ切るための４つのスキル

前章まで、不動産投資の種類やそのリスク、お勧めの投資スタイルなどについてお話ししてきました。

その通りにやれば必ずうまくいくというものではありませんが、まったく知識がない状態に比べれば、成功する確率は高くなるでしょう。

しかし、そのためには前提条件があります。それは本書や他の良書で得られる情報、知識を実践するスキルを、あなたが持っていることです。

とはいえ、不動産投資においてそのスキルは特別なものではありません。

たとえば、物件の収支シミュレーションをするのに必要なものは四則計算、小学校程度の算数です。物件を購入するのに宅建資格レベルの専門知識は必要ありませんし、税務申告も税理士に依頼すれば大丈夫です。

おそらく、大半の人は不動産投資をやるためのスキルはもっています。

そこで問題となるのは、知識を習得し、それを実践することが楽しく感じられるか、楽しいとは思わなくても抵抗なくできるかどうかでしょう。

本当はとても苦痛に感じられることであっても不動産投資を成功させるために頑張るのは立派なことですが、不動産投資だけが投資ではありません。もっと相性の良い投資があれば、そちらにチャレンジした方が良い結果を得られるかもしれません。

実際に資金を投入しなくても、自らの限られた人的資源（時間や労力）をどこに投入するか検討を始めた時点で、あなたの投資はスタートします。

本章では、あなた自身のマンパワーを無駄にしないように、不動産投資に必要なスキルと性格を投資の過程に沿って明らかにしていきます。

■不動産投資を知るスキル……学びの姿勢、分析と評価

本書を手に取り、ここまでたどり着いた皆さんであれば、学ぶ姿勢は十分満たしています。

次に必要になるのは、学んだものに対する分析と評価です。

本書も含め、本の内容をそのまま信じるのは危険です。

私は自分の経験とその考察からたどり着いたことをそのまま書いています。自分では正しいと思って書いていますが、本当に正しいかどうかはわかりません。**投資の世界で１００％正解と言い切れることはない**のです。

もし、これが正しいと言い切る本やセミナーなどがあったら、それは最初から疑うべきであ

り、読むのも参加するのも無駄でしょう。

学ぶ姿勢は大切ですが、それはどんな経験に基づいて書かれているのか、利益誘導などの意図がないのかなどを冷静に分析、評価する力が必要です。

■物件探しに必要なスキル……忍耐力、対外折衝能力

中古物件や新築用の土地探しであれば仲介業者、新築建売なら販売会社とコンタクトを取ることが必要になります。

まずは物件の情報収集です。

楽待、健美家などの収益物件専門サイトやLIFULL HOME'S、アットホームなどの大手サイト、また個々の仲介業者独自のサイトなどを定期的に（なるべく頻繁に）チェックしたり、希望条件を登録したりすることが必要です。

そして、希望をすべて満たさなくても検討に値する物件が掲載されたら、掲載されている仲介業者さんに連絡して詳細を確認したり、物件を実際に見に行くことになります。

ここで必要となるスキルは忍耐力と対外折衝能力です。

ネットで物件検索を始めたとしても、箸にも棒にもかからないような「さらし物件」ばかりが目につくことでしょう。すぐに希望の条件に沿った物件が見つかることは稀ですので、定期的に辛抱強くチェックを続けるだけの忍耐力が必要になります。

また、よさそうな物件を見つけたら仲介業者に問い合わせを入れ、さらに詳しい情報を入手して吟味していきます。仲介業者さんのなかには個性的なかたもいますので、適度な距離を保ちつつ必要な情報を引き出していくだけの対外折衝能力が求められます。

そうやって得た物件情報を細かく確認したうえで、さらに周辺情報を集め、本当に投資するだけの価値があるのか、持ち続けられる物件なのか、長期のシミュレーションをしてみる手間も惜しむわけにはいきません。いくつもの物件を具体的に詳細にチェックしていくことで、物件を見る力がついていくからです。

最初から信頼できる仲介業者さんと特別な関係がある場合は、この作業を省くことが可能です。また何社も仲介業者さんと接触を持つうちに相性がよく信頼できる仲介業者さんに出会うことができれば、情報収集はその業者さんに任せることも可能となります。

情報収集は大変なので、ここで挫折する人も多いかもしれません。また、この大変さを見越して「私たちの投資サークルに入れば他では手に入らない物件情報を提供します」などと宣伝して高額な入会金や会費を支払わせる輩もいます。

そういったサークルの情報がまったく無価値かどうかはわかりませんが、元付（売主さんから直接売却を依頼されている）の仲介業者さんからすれば良質な物件は自社のネットワークで売却可能ですので、サークルにAクラスの物件情報は回さないでしょう。

忍耐力がない人（面倒だからその分をお金で解決しようと考える人）は、不動産投資には適していないと思われます。

■資金調達に必要なスキル……誠実さ、資金管理能力

忍耐強く物件を探し、運命の物件にたどり着いたとしても、購入する資金が調達できなければ不動産投資はできません。そこで必要となるのは誠実さと資金管理能力です。

２０１７年までは、一部の仲介業者やコンサルタントが金融機関向けに実際とは異なる物件価格の売買契約書を作成したり、投資家の通帳を偽造し預金残高を大きくみせたりするといった手口で融資を引き出すなど、詐欺的な行為が散見されました。

このような行為はあってはならないことですし、金融機関では再発防止のためにエビデンス確認の厳格化などの対策が始まりました。

不動産投資では数千万円から数億円の資金を調達します。自己資金額は総額の一部であるため、その重みを認識しないまま融資が通りさえすれば良いと考える投資家もいます。

しかし、自己資金の割合が少なければ、金融機関の貸し倒れリスクは大きくなります。金融機関はそのリスクを引き受けて投資家に資金を貸し付けているのですから、投資家は誠意と誠実さを持ってそれに向き合うことが必要です。

また、融資を受けて物件が購入できたとして、それは不動産投資のゴールではなく出発点であることを心に刻んでおきましょう。

そうやって物件を買い進めて順調にプラスのキャッシュフローが積み上がり、サラリーマンとしての自分の給与所得を上回ったりすると、「自分は不動産投資で成功した」と舞い上がって散財を始める人もいます。なかには、その時点でサラリーマンをやめて「引退する」人まで出てきたりします。

しかし、そのキャッシュフローの後ろには大きな借金があることを忘れてはいけません。どんな状況になっても債務不履行にはならないと確信が持てるまで、生み出されたキャッシュフローを個人的な消費には使わない意志の強さと資金管理能力が必要です。

■経営管理に必要なスキル……マネジメントと寛容

物件を購入した時点であなたは賃貸事業主になります。そして、事業活動すべての決定権はあなた自身にあります。

とはいえ、入居者の募集、管理から部屋の修繕などすべてをあなた自身でやることは不可能ですし、やる必要はありません。募集は客付会社、管理は管理会社、リフォームはリフォーム業者などにアウトソーシングすることが基本です。

しかし、アウトソーシングしたといっても、すべてを任せてしまうというわけにはいきません。事業主として、依頼した業務を順調に適正なコストで運営していくためのマネジメントが必要です。

特に、入居募集がうまくいかず恒常的に空室があったり、修繕費が割高だったりすると、賃貸事業自体が立ち行かなくなることもありますので、当該業者に対してお願いをしたり交渉をすることも必要になってきます。

ただし、業者に仕事を依頼していても、その会社の社員はあなたの部下ではありません。空室が多くある地域では、あなたの物件を埋める必要がないのかもしれません。

空室を埋めるために客付会社を訪問すると、「頑張ります！」と言ってくれるでしょう。でも一向に決まらないこともよくあることです。

そうした場合には、自分のために仕事をしてくれるように業者さんが動きやすい環境を整えたり、場合によっては個人的に親密な関係を構築することも必要になってきます。

このように不動産投資においてマネジメント力は必須なのです。

また、あなたの事業に協力してくれる業者さんは、たとえあなたが報酬を払う立場だったとしても上下関係はありません。賃貸事業のためのパートナーです。

すべてに完璧を求めるのではなく、多少の失敗には目をつぶり、貸しを作ったくらいに思う寛容さも必要になります。

不動産投資は、投資するまでは投資家の視点で動き、入手してからは賃貸事業者として活躍することを期待される極めてリアルな投資です。

物件選びから融資交渉、賃貸管理など、常に投資家自身の意欲、能力、人間性が試されます。同じ物件を購入したとしても人によって成果は違ってくるのです。

それが楽しいと感じられる人であれば、不動産投資は楽しみながら資産を増やす可能性を秘めた、すぐれた投資なのです。

株式投資コラム

栫井駿介のおすすめ本

ベンジャミン・グレアム『賢明なる投資家』（パンローリング）

ウォーレン・バフェットが師と仰ぐ、バリュー株投資の創始者であるベンジャミン・グレアムの著書です。株式の「価値」と「価格」の乖離に着目し、価値>価格であるほどその銘柄への投資は安全であるという「安全域」の考え方を生み出しました。私がバリュー株投資に没頭する原点にもなった本です。半世紀以上も前に書かれた本ですが、今もその内容は色褪せず、何度読んでも新たな発見があります。

ジョン・テンプルトン『テンプルトン卿の流儀』（パンローリング）

「強気相場は悲観のなかで生まれ、懐疑のなかで育ち、楽観とともに成熟し、陶酔のなかで消えてゆく。悲観の極みは最高の買い時であり、楽観の極みは最高の売り時である」という格言を残したジョン・テンプルトンの投資手法をまとめた本です。相場の動きの見方は千差万別ですが、誰もが弱気になっている時こそが最大のチャンスであることは歴史が証明しています。それを実践し、長期にわたって成功し続けたテンプルトンの哲学は、バリュー株投資家に勇気を与えてくれます。

ダニエル・カーネマン『ファスト&スロー』（ハヤカワノンフィクション文庫）

行動経済学の研究でノーベル経済学賞を受賞した、ダニエル・カーネマンの著書です。人間の思考には、瞬発的に働く「システム1」と、ゆっくり動く「システム2」があり、前者は直感的、後者は論理的な思考を司ります。そして、人間の行動の大半はシステム1に支配されており、論理的な思考は働きにくいのです。この本を読むことで、株式市場の動きの根本となる「群集心理」を理解できます。ある企業に一見悪そうなニュースが出ると、投資家の瞬発的な動きにより株価は下がりますが、論理的に考えると業績にはほとんど関係がない場合があります。そこで「システム2」を働かせられる投資家が、価値と価格の差から利益を得ることができるのです。

トマス・スタンリー&ウィリアム・ダンコ
『となりの億万長者』（早川書房）

米国の億万長者の実態を、統計やインタビューによって研究した本です。実際の億万長者の大半は、豪華な家に住み、派手な高級外車を乗り回しているのではありません。収入より小さい支出で生活し、必要最低限の生活で満足しています。そして、残ったお金を投資に回すことで、一代で資産を築いたのです。彼らが重視しているのは世間体よりも心の自由や安心であり、お金と人生の幸せについて考えさせられる本です。

那須正幹『うわさのズッコケ株式会社』（ポプラ社文庫）

子供向け小説「ズッコケ三人組」シリーズの一冊です。私は小学生の時にこの本を読んで、興奮が収まりませんでした。小学生の主人公三人組が港の釣り人にラーメンを売る話ですが、規模を拡大するために株式会社を設立し、クラスメイトから出資を募って配当も出す話です。株式会社の仕組みをこれほど的確にわかりやすく説明したものはなく、私が「起業」と「株式」に興味を持った原点と言える本です。

本を探すとき、最初はAmazonのレビューや日経新聞の書評を参考にします。しかし、より効果的なのは、読んだ本の「参考書籍」にあたることです。いい本であるほどその参考書籍は外れが少なく、より濃密な内容となっていることが多いと感じます。ここに書かれている本も、読者の方々のお役に立てることを願います。

不動産投資コラム

沢孝史のおすすめ本

カール・マルクス／フリードリッヒ・エンゲルス『共産党宣言』（岩波文庫ほか）

私が法政大学経済学部在学中はマルクス経済学、近代経済学が入り乱れ、よく言えば自由、見方を変えると混沌とした状況で、講義では共産党宣言が出てきて面食らいました。

とはいえ「自由主義」には「資本が好き勝手にできるための自由」も含まれていること、資本主義は持っている側が有利で、持てるものと持たざるものの差が広がる社会システムだということを教えてくれ、元々ひねくれ者だった私が、世の中に対してさらに斜に構える姿勢を定着させてくれたのでした。

ロバート・キヨサキ『改訂版　金持ち父さん貧乏父さん』（筑摩書房）

この一連のシリーズは、単に「お金を儲けよう」というのではなく、資本主義の枠内でお金の呪縛に囚われずに生きていくことを目指した現代版の共産党宣言だと私は思います。共産主義では社会体制の変革によって生産手段の共有化を掲げましたが、ロバート・キヨサキは、持たざる者であっても個々の考え方、行動を変えれば資産を持つ者になれることを伝えています。

2003年、この本を読んで「私がやっていることが書いてある」と思い、まったく面識のない筑摩書房さんに「確定申告書3期分」を送ったことがきっかけで、お宝不動産シリーズが発刊されることになりました。

ルドルフ・ヒルファディング『金融資本論』（岩波文庫）

大学在学中にゼミで使われたテキストです。経済学というより哲学か禅問答のようで難解ですが、利子論とリスクプレミア、利潤についての考えは、今思えば私が投資をするときに考えるリスクとリターンのバランスに通じるものがありました。学生の頃、この本によって刷り込まれたのかもしれません。

ヨーゼフ・シュムペーター『経済発展の理論』（岩波文庫）

自由経済は利潤を目指し資本が集中してしまい、その臨界点が来ると恐慌が起きるという循環があると思うのですが、そのメカニズムの一端を説いた本です。不動産投資をやっていると「儲かると思って新築を建てて、周りを見渡したらライバルだらけになっていた」ということがよくありますが、これも局所的な経済循環の法則なのでしょう。

なんでもよいので……日商簿記3級の教科書

賃貸事業を始めるのですから最低限の会計知識は必要です。簿記の資格を取るのが目的ではありませんが、減価償却とは何か、なぜ元金支払は経費ではないのか、損益計算書と貸借対照表の構成はどうなっているのか、両表を組み合わせると借方、貸方が均衡する理由など自分が習得すべきことに注意を払い理解することが必要です。

菅井敏之『金の卵を産むニワトリを持ちなさい』（アスコム）

元メガバンク支店長が、本気本音でお金、投資を語っています。著者は不動産投資に取り組んでいますが、その考え方はバンカーとしての経験に基づいており、融資を受ける際にも参考になります。

赤井誠『本気ではじめる不動産投資』（すばる舎）

「不動産投資をやるために最初に読む本は何が良いですか」と尋ねられたときには、この本を勧めています。表裏なく、もちろん利益誘導もなく、著者が実践してきた等身大の不動産投資が書かれています。

★必読書は金持ち父さんシリーズと日商簿記の教科書。

第7章 まとめ

株式投資を始めるなら……

財務諸表や経営状況を見て優良な企業を探し、人々が恐れているタイミングで安い価格で仕込み、あとは株価に鈍感になること。そして、なによりも持続することが大切。

不動産投資を始めるなら……

広く学ぶ姿勢と冷静な判断力、まわりの人の力を借りるための交渉力と誠実さ。謙虚さと寛容の心を忘れず、自分でマネジメントするのを楽しむことが大切。

第8章 株と不動産、両方やったらうまくいく？

株と不動産を組み合わせて、より効率的なポートフォリオを組むことはできるのか。

バリュー株投資派の投資顧問・栫井駿介と、RC一棟物中心の不動産投資家・沢孝史が、その可能性について熱く語ります。

ゲストに迎えたのは、このたびサラリーマン生活を卒業して兼業個人大家となった芦沢晃氏。現金買いの区分投資と株式投資を20年以上続けてきたとのこと。

■株価が下がったら買う

芦沢「このところ日経平均が下がってきて2万円を挟んでの動きとなっていますよね」

栫井「今年の日本市場はあまりぱっとしないかもしれません。ただ、バリュー株投資を考える人にとってはむしろいい傾向です。特に新興株は高かったので、ようやく本格的に動き出せる感じですね」

沢「バリュー株投資の勉強だと思って、下がったところで栫井さんの推奨銘柄も参考にして100株ずつ十数銘柄買いました。100株くらいから始めて下がったら買い増して持ち続けるっていうのをやってみます。芦沢さんはアメリカ株ですか?」

芦沢「そうですね。今回の下げでアップルとフィリップ・モリスを買い増ししました」

栫井「たばこ会社だと、ブリティッシュ・アメリカン・タバコ、BTIの配当利回りがいま8・3%です。イギリス株ですけど、アメリカでも買えます。ポンドがブレグジットで下がると見られて株価が下がり、配当利回りが上がっています」

芦沢「利回り8・3%はいいですね、下手な不動産物件よりずっといい」

栫井「配当性向が70%くらいなので余力はまだあります。フィリップ・モリスだと100%くらい毎年出しているので」

沢「技術と設備があって新規投資する必要がないから、儲かった分を全部配当で出すっていうことでしょうか。不動産でも、追加で新しい物件を買わずに現状のままでいいと決めたら、家賃収入を全部使ってもいい状況になりますよね」

栫井「株式投資は配当寄りの考え方になれば、不動産投資と近くなるのかもしれません」

沢「芦沢さんの区分の現金買いも、栫井さんのバリュー株投資も、時間をかけて増やしていく考え方ですよね。不動産は買ってしまえば覚悟ができて5年10年のスパンで考えるしかないけれど、株は簡単に売買できるからどうしても動きたくなる」

栫井「株式の短期の投資で利益を上げるには明文化できないスキルがあって、その人にしか再現できない部分があります。そうしたスキルのない一般の人は、結局買ってほってておくバイ&ホールドがいいと、少なくとも統計的には言われています。あとは、いかにいい会社でいい経営者のところを選んで買うか。株式投資は、不動産投資だと自分でやるところを、経営者がやってくれるわけですから」

■大きな投資がいらないものがいい

栫井「今回相場が下がって、日本株も配当利回り4％を超える銘柄が急に増えてきました。配当利回り4％という数字は不動産投資で考えるとどうですか」

沢「不動産で4％の利回りと言うと、たとえば銀座の一等地で価格が下がらないような堅いところでしょうか。一般に中古不動産なら利回り8〜10％と言われるけれど、そこには修繕費や空室リスクや価値の減価が含まれる。そうしたものを差し引くと利益はかなり減ってくるから、何もせずに4％の配当があって価値も上がっていくとすれば、そりゃあOKでしょう。それに株式投資は税率20％の分離課税で済むから、最高税率がどうとか考えなくて済む。配当を中心に考えた不動産投資的な株の選び方というのはあるかなと思いますね」

桴井「バフェットは、大きな投資がいらない銘柄を選ぶのが大事だと言います。不動産で言えば修繕費のかからない物件のように、ひたすらキャッシュフローを回し続けられる銘柄が理想的ということですよね」

芦沢「私が35年サラリーマンをしてきたハイテク電子製品メーカーは、まさにバフェットの言う悪い業界です。いくら稼いでも、それを新規開発と設備投資に永久に注ぎ込み続けなければ生き残れない。半導体が一番の金食い虫で、新しいウエハを作るために巨額な設備投資が必要です。技術改新が激しく新規参入が多い業界は、新規の研究投資を積んでいかないとダメだし、製品ごとにカネと人の労力がつぎこまれますから、バフェットの言う一番いけないパターンですね」

沢「だけど、基本的に資本主義の世界ってそれだよね」

桴井「そうですね。経済学通りにいくと、限界利益の低減で利益がなくなっていく。その経済学の競争からかけ離れた企業が理想で、独占市場を形成していくわけです」

沢「私が習ったのはマルクス経済学系の本で、ゼミで教わった１００万円の利益を生み出すものがあってキャップレートが10％ならそれは１０００万円の価値があるという逆算の考え方や、リスクとリターンの考え方がどこかに残っていて、不動産のこともそのあたりから考えている気がします。栫井さんは近代経済学ですよね？」

栫井「ゼミでの専門は企業金融で、企業価値評価と証券市場のＣＡＰＭ、効率的市場仮説っていうあたりです。企業が競争していったらやがて負ける、競争しないことが正解であり、そういう企業は証券市場でのリスクとリターンの平均を上回るところに位置できる、という考え方をベースに投資をしています」

沢「バリュー株投資でどの銘柄を買うかは、そういうことが根底にあるんですね」

■永久にナンピン買いをすると勝てる

沢「芦沢さんは、指数や株価を追っていて下がったら買うというやり方ですか」

芦沢「私は理系でエンジニアなので、経済はわかりません。だからルーレットの理論で投資を考えたりしています。１から１００までの数字に順に倍々で賭け続けるといつか絶対勝てるというカジノで禁止されている方法があります。それに倣って外貨ＭＭＦを下がったら買い下がったら買いと、毎日１万円ずつ買い続けるんです。現金で買った不動産からほぼノーリスクで毎月上がってくる家賃収入があるので、いつか絶対反転してくると考えて買い進める。米ドルがゼロになることはあり得ないので、ドルが上がってきたら金利をもらいながら持ち続け、ピークを超えたと思ったら今度は毎日1万円ずつ売って利益を確定します」

沢　「毎日1万円ずつ？　利益確定を少しずつ機械的にするのは精神力が必要ですね」

栫井「売りは本当に難しいです。売ったらそのあとの株価をどうしても見ちゃうし、見るとだいたい上がっていたりする（笑）」

芦沢「性格的に合っているんでしょうか。このやり方がうまくいくので、リーマン・ショックの前に今度はワールドストックインデックスで始めたらガンガン下がっていったんですが、それでも毎日1万円ずつ買い続けました。一時は1000万円くらいまでマイナスがふくらんだかな」

沢　「マイナス1000万円！　いったい総額いくら突っ込んだの？」

芦沢「最終的に上がりきったところで総額4000万円くらいでしたか。無限に入ってくるキャッシュフローがあれば、永久ナンピンができるんです」

栫井「それが株式投資の究極のような気がします。本文でも書きましたが、株式は買ったらそれで終わりです。無限に資金があるのは本当に強いですよね」

芦沢「個別の株だと会社が倒産したらゼロになりますが、ドルやポンドなど通貨はゼロになる心配はないですからね。今はアメリカのＥＴＦ（上場投資信託）で試しています。例えば、REIT系のRWRだと配当が4％弱で信託報酬は0・25％かな。S&P500連動のVOOだと0・04％ですか。信託報酬が限りなくゼロに近いものを選ぶのがポイントだと思っています」

栫井「ふつうの投信だと信託報酬は1％くらいですからね」

■レバレッジをかけるか、かけないか

沢「お二人とも、株の信用取引はしないですよね」

栫井「信用取引の借入れの利子は年3％程度と配当分くらいですが、株価変動がそのまま追証につながるので、そこが一番問題です。不動産なら手持ちの物件の価格が変動しても返済さえ続けていれば影響はほとんどないですが、株式は会社の状況自体が悪くなっていなくても、株価が半分になることは普通にありますからね」

沢「芦沢さんは不動産投資でも借入れをしないですね」

芦沢「最初の1室をオーバーローンで買ってうまくいかず、4、5年かけて資金を貯めて現金買いを始めました。現金じゃないと儲けが小さいのと、口座から返済金が引かれるのが性格的に合わない。自分の好みと性格に合ったやり方が大事ですね」

沢「芦沢さんは区分のノウハウがあって物件の目利きもできるから、レバレッジをかけた投資もいいんじゃないですか。担保に入ってない物件がたくさんあるし」

芦沢「いとこが信用金庫の次長をやっているので聞いてみたら、私の持っているような古い区分でも融資は受けられそうですね。ただ、借入れは可能であっても、性格的に合わないというか、最終的に投資はその人の精神構造にかかわる気がします。現実には、毎月入ってくるキャッシュフローを全部つぎこめば、3か月に1つくらい区分が買える計算なので、借入れをする必要がないし、最近は資産をどう継承するか、現金をどう運用するかのほうに頭が行っています」

沢「私も最初は借入れに対しては抵抗があったけれど、長くやっていると、この価格でこの利回りなら借入れをおこしても大丈夫、というのが感覚としてわかる。ただ、現在の借入れが12億円あるので、次の代に渡すのにはこのままだとちょっとまずい気がしています。株はその点楽だよね。名義を変えればいいだけだし」

栫井「株ならその場で売って現金化してしまってもいいわけです」

■自分の得意分野を持つ

沢「不動産投資だと、自分なりのホームグラウンドを作る必要があります。私は地元の静岡がメインで、もし札幌で利回りのいい物件があっても、詳しい状況が分らないから買わない。さらに住宅系や商業系、区分や一棟物などでもそれぞれ違う。私は中古の一棟物から始めて、新築のＲＣ一棟物に移行しています。ＲＣの一棟物は造り方や費用はある程度わかる。そういう得意分野を持つのが必要でしょう」

桥井「株も身近な業界から投資して、ビジネスモデルが似ている分野に広げていくのがいいですね。たとえば不動産と金融は、どちらもストックがありそこからリターンを得る。ここを手始めにある程度のストックビジネスをカバーできます」

沢「芦沢さんは独自路線でずっと区分の現金買いですよね」

芦沢「不動産投資は個人最適と考えて、独自の方法でやっています。区分の現金買いは時間がかかりますが、10年以上コツコツやると誰でも破綻せずにうまくいきます。借金しないところに安全性と再現性があるんでしょう。10年以上前に私のセミナーに来た人が、あのときのセミナーのおかげで区分投資を始めて、いまサラリーマンを卒業して子供も大学院にやれます、って言ってくれたりしますね。

区分の現金買いだと、不動産の一番の欠点である修繕については修繕積立金という防波堤があり、家賃というキャッシュフローが流れ込んできて、マイナスの借金はありません。私から見ると、中古のＲＣ一棟物は修繕積立金ゼロの丸裸の区分をまとめて買っているようなもので、怖くて手が出せないです。アメリカだと中古物件のリサーチをして情報を流す専門の人がいますが、日本は修繕積立金の情報が中古市場に出ない。買付を入れた時点でようやく情報が出てきます」

■テンバガーをどうやって見つけるか

沢　「10倍になる株をテンバガーと言うけれど、不動産はバブルの時を除けばそこまでにはなりませんね」

栫井「将来の株価は私たちもわからないですね。業績は資料から見当はつきますが、株価はわかりません。資料の数字はそのときの表面的なものでしかないので、長期間にわたって競争力を維持できるかどうかを見極めるのがアナリストの仕事です」

沢　「不動産はそこまで細かく分析しなくても、立地、構造体と築年数、間取りを見れば、ほぼ収益性がわかります。不動産投資で失敗する人は、業者さんの言葉を真に受けてしまって、そこにフカシが入っていると計算が狂ってしまう。でも、実は素人でも何日かかけて調べればわかる世界です」

栫井「株式投資だと、同じ業種でも会社ごとに見るべきところが違います。たとえばパナソニックと東芝なら核となる事業が違う。株価も業績自体も、計算でいかない部分があって、経営者でさえわからない。だからこそ、急に株価が10倍になる銘柄も現われるわけです」

芦沢「そういえば、共立メンテナンス（９６１６）はまさにテンバガーですね。食事つきの学生寮などをやっていて、近くの大学の学生で常にいっぱいです。10年以上前に買ってずっと持ち続けていますが、そのころはすごく割安だったんですよね」

沢　「私は不動産投資を始めて20年だけれど、不動産や賃貸関係の株を買おうとは思わなかったなあ。物件を買い始めた頃に株を買っていれば10倍になったかもしれないですね」

■15万円が2400万円になった話

沢　「さっき芦沢さんのお父さんの買った株の話を聞いたけれど、すごいですよね」

芦沢「父が薬の営業マンで、製薬会社から薬を買って病院やお医者さんに売る仕事をしていました。私が生まれる前後に日本新薬が取引先に株を買ってくれないかと話をもってきたので、額面50円で1000株、給料が3万円の時に5万円という大枚をはたいて買った。当時は額面増資で額面の株価で買い増すことができたので、そのあと付き合いで3000株まで増やしたんです。

そして私に息子が生まれたときのお祝いとして、私の名前が入った株券を3枚もらったんですが、そのときがバブルのあとで株価800円くらいだったかな。最近では株価が8000円くらいになっています。昭和30年の15万円が2400万円になったわけで、株式投資における時間のパワーってすごいな、って思いますね」

沢　「そのことがあって、中国株を早くに買ったんですよね」

芦沢「ええ。83年に就職して、翌年に仕事で北京と上海に行ったんです。精華大学と北京大学の博士課程の学生たちといっしょにやったんですが、みんなアメリカに留学したいと言っていたりして、中国人が何を考えているのかわかった気がしました。それに叔父が兵隊で戦争中に中国に行っていて、中国人が敵の日本人を取り込んだり、弾が飛んでいる脇で畑を耕したりといった話を聞いていたので、柔軟性とバイタリティのある人たちだと確信したんです。

それで中国に民間企業が出来て株が売り出されると聞いたときに、目をつぶって株をいくつか買って放っておいた。買った当時はもう赤ちゃんみたいに骨格自体が大きくなる時期で、父が日本新薬の株を買ったときと同じような状態ですね。分割でどんどん増えていって配当がつくようになり、すでに元は取ったので、株価は1年に1回くらいしか見ずに配当を受け取っているだけですね」

■投資は地味なものです

沢　「株式でも不動産でも、まず自分が投資に対してどういう姿勢でいるか、なぜ投資をしたいのかわかっていたほうがいい。今すぐお金がほしいのなら、ギャンブルになってしまう。株や物件評価の前に、自分を評価する必要があるかもしれない」

栫井「診断チェックシートみたいなものがあるといいですね。ここがウィークポイントなので気を付けましょう、とわかるような」

沢　「投資は大儲けした話ばかり取り上げられて一攫千金のイメージがあるけれど、不動産投資はほんとに地味です。毎月通帳で家賃が入ったのを確認してほっとする、空室が出たらどうやって埋めようか悩む、っていうのが現実です。業界的にキラキラのイメージを演出しているけれど、そんなものです。株式投資も地味ですよね」

栫井「地味です。ものすごく地味です」

沢　「不動産投資で一時期よく聞いたのが、年収数百万の人がフルローンでレバレッジをかけて3年でリタイアしましたというような話。それはやっぱり短期で勝負しているから、不動産投資の本質から外れるのかなと思う。芦沢さんは、家賃収入がサラリーマンの年収と同じになるまでどのくらいかかりましたか」

芦沢「私は区分の現金投資を始めたのが95年くらいでしたから、いままで24年ですか。最初の本を書いていた2006年頃で表面の家賃収入が年収とトントンくらいでしたが、経費や税金を払うと残るのは半分から3分の1になってしまう。手残りが完全に給与所得を上回るまで、15年くらいはかかったかな」

沢　「借金がない状態で、家賃収入の手残りが年収を上回ったわけですよね」

芦沢「マイナスがないのは大きいですね。仕事が好きなことだったので、サラリーマンを辞めたいとも思わなかったし、毎日好きなことをやりながら淡々と物件を増やしていって、毎年キャッシュフローが厚くなっていきました」

■不動産投資ブームがもたらしたもの

栫井「去年は、不動産投資の状況が大きく変わったようですね」

沢「かぼちゃの馬車とスルガ銀行の件があってから、融資は本当に厳しくなりました。都市銀行では最後まで緩かったりそな銀行も厳しくなって、地銀はもちろん信金も安易に貸さなくなった。相続税対策で新築を建てる人向けの融資は別のようですけれど」

芦沢「不動産投資ブームも一段落したのかもしれませんね」

沢「レバレッジを大きくかけた不動産投資がブームの中心でした。借金に慣れると、入ってきたキャッシュフローを寝かしておくのはもったいない、担保価値があるからもっとお金を借りて物件を買えばさらにキャッシュフローが出るのにと、何か強迫観念みたいになってくる。小さく始めて一気に拡大するのがえらい、という雰囲気が去年まであって、規模を競っていた部分がありました。

加えて、不動産投資に参入する人が増えたために競争原理で価格が2割くらい上がって、利益率がどんどん下がった。だからキャッシュフローの額を増やそうとすると投資規模を拡大するしかない。ブームに乗った人たちは、そのワナにはまったのかもしれません。それに、一気に買い進むとキャッシュフローは多少派手になるけれど、やっぱり借入れのリスクを背負っている。そう考えると、実は現金で地味に投資してきた人と結果は同じくらいか、むしろ現金投資派のほうがいいのかもしれない」

桴井「不動産投資はこれからどうなりますか」

沢「ブームが落ち着いて定着していくでしょうね。いろいろ問題はあるけれど、サラリーマンにとって不動産投資という選択肢ができたのはいいことだと思います。勉強しない人はワナにはまったりするけれど、一生懸命研究してやっている人はそれなりの実績が出せる。ただ、キヨサキさんが言うファイナンシャル教育はどうしても必要で、今思えば『金持ち父さん貧乏父さん』の功績は大きかったと思いますね」

芦沢「サラリーマンも投資を考えないといけない時代が来たのかもしれませんね」

■数を見ることが大事

芦沢「私のもっている銘柄に、コムチュア（３８４４）という２００倍以上になった株があります。単位株を買ったら分割で増えて行って配当も上がりましたね。企業内のグループウェアの開発をする会社です。当時はジャスダック上場だったかな」

沢「その会社がいいとわかったのは、やはり仕事がら見ていたからですよね。身近なところから見つけるのがいいのはわかるけれど、意識していないと気が付かない」

芦沢「スクリーニング＋自分の実感＋センス。第六感が働かないと株はむずかしいです」

栫井「いい銘柄を見つけるために大事なのは、ひとつは見る数だと思うんです。たくさん見ていないと、第六感も働かない」

沢「それは物件も同じで、片っ端から見ないといけない。業者さんは両手取引をしたいから、いい物件は知り合いの顧客に回して、「さらし物件」と呼ばれるしょうもない物件の情報ばかりが表に出てくる。でも端から見て目を慣らしていくと、いけるかな、っていうのがひっかかる。数をこなすのは、不動産でも株でも同じですね」

栫井「四季報を通読する人もいます。四季報には業績5年分載っていますけれど、5年ずっと上がり続けていても、そこから続けて上がるとはかぎらないですが」

沢「数を見るのを継続できるかどうかは性格もあります。芦沢さんは相変わらず区分は見てますか」

芦沢「ネットとメール情報を見ていますが、最近はメール自体がカラで物件がなかったりします。一時期は15分ごとに自宅にブッ上げ（買取り）の電話がかかってきましたが、2018年4月頃からパタッとなくなった。物件の流通自体がないと感じます。融資の血液が回らなくて、業者が立ちゆかずに「飛んだ」という噂も聞きます」

沢「区分のブームが去ったということ？」

芦沢「現金買いに関してはブームは関係ないですね。私はこの1年で3つ、これまでとほぼ同じペースで買っています。情報は20年くらいつきあいがある地場の業者さんからの口コミで、安く買えたりする。いい話が来ると、逃さずその場で買います」

■キャッシュ・イズ・キング

栫井「市場に出さずに流通する、まさに相対取引ですよね。そこは株とは対極にありますね。株は常に値が見えていて、だれでもどこからでも買えます」

沢「それに、不動産は自分のスキルでなんとかできる部分がある。たとえば安くリフォームできるとか簡単に空室を埋められるといったスキルの有無や、どのくらいの金利で融資を借りられるかで収支が全然違ってくる。自分のスキルやポジションで、買っていい値段が変わる。不公正と言えば不公正だけど、人間くさい部分があるんですよね。芦沢さんのように現金買いだと、金利の支払いがない分高く買ってもいいわけだけど、逆に安く買えたりするから、区分の現金買いは両方美味しい」

栫井「キャッシュ・イズ・キングって言葉がありますけれど、まさにそれですね」

芦沢「それはありますね。融資だと決まるまでに時間がかかるし、流れる可能性があるから、オーナーさんも現金の人に譲りたい、ってなる」

沢「私もいま建てている新築の土地を買う時に、融資条項をはずして押さえました。現金で買うと地主さんと同じだから、銀行の融資もすぐつく。現金を持つと強いです。

あとでキャッシュフローを持っていかれて手残りが少ないのと、最初に自己資金を入れるのとどっちがいいかというと、後者のほうがいいですよね」

■資産の海外分散を考える

沢　「最近は日本の財政が厳しくて日本だけじゃ危ないから、リスク分散のために海外の不動産投資をと言って、「○○不動産投資」と地名がついた投資本が出ています。でも、海外で不動産投資をやるくらいなら、海外の株のほうが公明正大だし、むしろアメリカのＲＥＩＴでいいよねと言いたい。いい物件もあるだろうけど、海外の不動産の状況はわからない部分が大きいので、現地にコネクションがあるとか語学堪能とかいった人ならいいけれど、なかなか一般化はできないと思う。

だけど今、日本の金融機関が海外の不動産投資に融資しているようです。日本での借入れの金利が低いとしても、海外からの家賃収入で返済するわけだから、円高になれば大きく目減りして厳しいことになりかねないのではと心配です」

芦沢「海外の不動産を買うくらいなら、むしろ、海外の鉄板の株を買ったほうがいいですよ。日本円がダメになってもドルで配当が入ってくる。わざわざ香港やシンガポールまで行って銀行口座を開いたり、１０００万円をバッグに詰めて持っていったり、といったことはしなくていい。日本のネット証券に口座を開いて、ＥＴＦで配当をもらうようにしておけば、日本破綻に備えて盤石の態勢が出来ます。私は、日本の不動産と海外の配当の出る株を組み合わせれば絶妙のポートフォリオができるんじゃないかと考えて、区分からの日本円のキャッシュフローと海外株からのドルのキャッシュフローを受け取れるように、態勢を整えているところです」

桜井「私が今見ているのは、日本株とアメリカ株と中国（香港）ですね。きちんと情報の開示があるし、日米中の株をあわせると時価総額で６、７割いくので、ここを押さえておけば間違いないと思います。中国株も、昔と比べて情報の開示が進んで、機関投資家が入って、ちゃんとした株価がつくようになった。それでもまだ、日米に比べると乖離がある銘柄もありますけれど」

沢「外国株はデイトレードするわけにいかないし、買って放っておけるっていうのがいいのかもしれないですね」

芦沢「ただ、外国株は買えないものもあります。インド株もベトナム株も、個別の銘柄は買えずにファンドしか買えなくて、結局手数料を抜かれただけで現地の株のパフォーマンスほどは手にできませんでした。ヘッジファンドもやってみましたがだめで、授業料を結構払っていろいろやって、結局バリュー株に戻ってきました」

桜井「何と言っても最古典ですからね。アメリカ株の情報は、アメリカのエドガーというアニュアルレポートを上げているサイトをグーグル翻訳すると、ほぼそれで読めます。変だなと思ったところだけ、英語に戻って確認すれば問題ないです」

沢「日本は人口が減るし見通しが暗いと言われますが、そのあたりはどうですか」

栫井「日本企業もそこは考えているので、国外へ製品を売っていける企業だったら問題はないでしょう。ただ一点、危惧すべきなのは円安ですね。日本の経済力が弱くなると、結局日本円が売られて円が安くなる。日本円の資産が縮小するとともに、輸入でまかなっているものが多いので物価高になる。もしそうなったとしても、海外の優良企業の株を持っていれば、配当が入ってくる。リスクヘッジとして国際分散を考えていったほうがいいと思います」

■株と不動産を組み合わせた投資の形は

栫井「バフェットはフロート、つまり余剰現金をいかに確保して、それを投資にまわすかが課題だと言っています。株式投資の配当だけだと心許ないので、不動産投資から資金を回していける。芦沢さんのようにこれを実践している人がいた、ということで実証になったと思います」

沢「種銭をもとに株で儲けて、それを頭金にして不動産投資をして、そのキャッシュフローをまた株で運用する、っていうのがひとつの形かもしれない。あるいは種銭を作って不動産投資の頭金にして、たとえば家賃収入が月20万入ってくるとしたらそのうちの10万で少しずつ株を買っていくとかね。ただ、それを最初からやると、不動産の２棟目３棟目を買うことができないので、どちらかに集中して資産を大きくする期間が必要かもしれない。
いずれにせよ、資金を寝かさないための資金の回し方を考えて、時間をかけてうまく流れていく投資の循環を作っていくことですね」

栫井「根本に帰ると、最初の種銭はやはり労働で生み出されるもので、その入り口でつまずく人が実はほとんどです。種銭がないことにはどちらにも行きようがない。１００万２００万の手元資金ができて初めてスタート地点に立てる。
不動産ならもう少し必要かもしれませんが、それを頭金にして借入れを起こしてたとえば区分を買う。株ならその額でも回していけるので、そこでどっちをやりたいかを決められます」

芦沢「不動産にせよ株式にせよ、投資は回転させるのにパワーが要ります。動き出すと慣性の法則でどんどん大きくなるけれど、動かし始めるのに力業が必要ですよね」

沢「資金が少ないうちは、リスクの少ないバリュー株投資などで増やしていくのが王道かもしれないですね。株と不動産は対立軸じゃない。どっちの特徴も生かして資金効率的によくなるやり方を狙って組み合わせるといい形になるんじゃないかと。
だからまずはお金を貯めながら勉強しよう、っていうことだよね。それに尽きる」

おわりに

最後まで読んでいただき、ありがとうございます。

本書は、それぞれ違ったフィールドを選んで投資をしてきた3人が、知識と経験を持ち寄り、お互いに刺激しあいながら出来上がったものです。

3人それぞれの投資分野や手法、考え方は異なりますが、ひとつだけ、とても大切なことが共有されています。

それは、「読者にとって本当に役に立つ情報を提供すること」です。

そして、同じ志をもつ筑摩書房の編集者により、世に送り出す機会をもらいました。

最後に、編集者による社内会議用企画書の一部を原文のまま紹介し、皆さまへのエールに代えさせていただきます。

最近のさまざまな手法をカバーしながら、それぞれのメリット、デメリットを明確にし、どちらの投資が自分に向いているか、どのような投資方法を選べばいいのかを、自ら冷静に判断できるようにするための基本図書としたい。
基礎をしっかり学ぶことで、怪しい投資話にひっかからないための知識と知恵を身に付けよう。

2019年2月

栫井駿介　沢孝史　芦沢晃
磯部知子（筑摩書房）

栫井駿介（かこい・しゅんすけ）……写真・中
つばめ投資顧問代表、株式投資アドバイザー、証券アナリスト。1986年鹿児島県生まれ。県立鶴丸高校、東京大学経済学部卒業。大手証券会社にて投資銀行業務に従事した後、2016年に独立しつばめ投資顧問設立。2011年、証券アナリスト第2次レベル試験合格。2015年、大前研一氏が主宰するBOND-BBTプログラムにてMBA取得。

沢孝史（さわ・たかし）……写真・右
不動産投資家。1959年静岡県生まれ。法政大学卒業後、大成火災海上保険株式会社入社。1991年に退社し、コンビニ経営を始めるが半年で廃業、再びサラリーマンとなる。1998年に数百万円の元手から不動産投資を始め、現在の不動産収入は年間1億円を超える。著書に『お宝不動産で金持ちになる』『不動産投資　成功へのイメージトレーニング』（ともに小社）ほか。

＊

芦沢晃（あしざわ・あきら）……写真・左
兼業個人大家。1958年生まれ。都内某大学大学院で電気工学を専攻し電気メーカーに入社。1989年に自宅中古マンションをローンで購入するが、住替えで担保割れとなり賃貸に出す。これ以降、手探りで不動産投資をスタート。現在、都心～京浜地区を中心に現金買いした中古区分55室（54棟にて）を運営中。家賃収入の手残りは年間約2700万円。著書に『中古マンション投資の極意』（小社）、『東京オリンピック直前版“中古ワンルームマンション”投資の秘訣！』（ごま書房新社）ほか。

株式《かぶしき》 vs.《ばーさす》 不動産《ふどうさん》 投資《とうし》するならどっち？

2019年 3月 5日　初版第1刷発行

著　者　椊井駿介《かこいしゅんすけ》
沢孝史《さわたかし》
芦沢晃《あしざわあきら》

発行者　喜入冬子

発行所　株式会社 筑摩書房
東京都台東区蔵前2-5-3　〒111-8755
電話番号　03-5687-2601（代表）

印刷･製本　中央精版印刷株式会社

ISBN 978-4-480-86464-2 C0033